CORRESPONDENCIA COMPLETA ENTRE
LOUIS CATTIAUX Y RENÉ GUÉNON
(1947-1950)

CORRESPONDENCIA COMPLETA ENTRE LOUIS CATTIAUX Y RENÉ GUÉNON (1947-1950)

EDICIONES OBELISCO

Si este libro le ha interesado y desea que le mantengamos informado de nuestras publicaciones, escríbanos indicándonos qué temas son de su interés (Astrología, Autoayuda, Ciencias Ocultas, Artes Marciales, Naturismo, Espiritualidad, Tradición...) y gustosamente le complaceremos.

Puede consultar nuestro catálogo en www.edicionesobelisco.com

Colección Textos Tradicionales
CORRESPONDENCIA COMPLETA ENTRE LOUIS CATTIAUX Y RENÉ GUÉNON (1947-1950)

1.ª edición: octubre de 2013

Título original: *Paris-Le Caire. Correspondance entre Louis Cattiaux et René Guénon*

Traducción: *Pere Sánchez*
Corrección: *Mª. Jesús Rodríguez*
Diseño de cubierta: *Marta Rovira Pons*
sobre una ilustración de Gaëlle de Laveleye

© 2013, Ediciones Obelisco, S. L.
(Reservados los derechos para la presente edición)

Edita: Ediciones Obelisco S. L.
Pere IV, 78 (Edif. Pedro IV) 3.ª, planta 5.ª puerta
08005 Barcelona - España
Tel. 93 309 85 25 - Fax 93 309 85 23
E-mail: info@edicionesobelisco.com

Paracas, 59 C1275AFA Buenos Aires - Argentina
Tel. (541-14) 305 06 33 - Fax: (541-14) 304 78 20

ISBN: 978-84-15968-00-9
Depósito Legal: B-22.184-2013

Printed in Spain

Impreso en España en los talleres gráficos de Romanyà/Valls S.A.
Verdaguer, 1 - 08786 Capellades (Barcelona)

Reservados todos los derechos. Ninguna parte de esta publicación, incluido el diseño de la cubierta, puede ser reproducida, almacenada, trasmitida o utilizada en manera alguna por ningún medio, ya sea electrónico, químico, mecánico, óptico, de grabación o electrográfico, sin el previo consentimiento por escrito del editor. Diríjase a CEDRO (Centro Español de Derechos Reprográficos, www.cedro.org) si necesita fotocopiar o escanear algún fragmento de esta obra.

Presentación

A lo largo de tres años (19 de octubre de 1947 - 10 de octubre de 1950), Louis Cattiaux[1] y René Guénon[2] mantuvieron una relación epistolar del mayor interés para los buscadores de Dios. Nos eran conocidas desde hace años las cartas que R. Guénon envió a L. Cattiaux,[3] pero no las de éste al primero. Ahora, por fin, y gracias a la generosidad de Abb-el Wahed Yahia, hijo de René Guénon, podemos ofrecer al público hispanohablante la versión española de esta correspondencia completa, publicada en la revista belga *Le Miroir d'Isis*, con una presentación de Clément Rosereau.[4]

---

1. Louis Cattiaux nació en Valenciennes, el 17 de agosto de 1904 y murió en París, el 16 de julio de 1953.
2. René Guénon nació en Blois el 15 de noviembre de 1886 y murió en El Cairo, el 7 de enero de 1951.
3. *Véase* René Guénon, *Epistolario...*, tomo II (1937-1950), Letra y Espíritu, A. C. MERU, Barcelona, 2009.
4. *Paris - Le Caire. Correspondance entre Louis Cattiaux et René Guénon* (Dir. Rodolphe d'Oultremont), Introducción de Clément Rosereau, Éditions du Miroir d'Isis, 2011.

René Guénon en España

Aunque en los años veinte del pasado siglo, René Guénon era un perfecto desconocido en nuestro país, la revista *La Rosacruz*, de Barcelona, publicó un trabajo suyo: «El don de lenguas».[5] Sin embargo, la agitada historia de España hizo que hasta los años setenta no comenzara a conocerse al abanderado de la tradición primordial en nuestro país. Por entonces podían leerse algunas de sus obras en castellano, como la publicada por la Editorial Universitaria de Buenos Aires, *Símbolos fundamentales de la ciencia sagrada*. Con todo, Guénon no fue publicado en España hasta 1976, cuando la editorial Ayuso (Madrid) editó uno de sus textos fundamentales: *El reino de la cantidad y los signos de los tiempos*. En la actualidad, la práctica totalidad de su obra se encuentra en las librerías y Guénon no sólo es leído y asimilado en los ambientes esotéricos, sino que, tímidamente, ha penetrado en los medios académicos; él, que tanto denunció el desvarío del mundo moderno, su ciencia deshumanizadora y su intelectualidad desvinculada de toda tradición espiritual (como queda de manifiesto en la correspondencia con Cattiaux), ha sido en cierta forma asimilado por el mundo académico de la mano de algunos profesores y escritores seguidores de su pensamiento. Como antes en Francia, luego en Italia y otros países, los ambientes universitarios han comenzado a familiarizarse con términos como tradición primordial, orden cosmológico, cosmogónico, etc.

---

5. *La Rosacruz*, II, n.º 7, Barcelona, 1928, pp. 6-8. Esta publicación estaba adscrita a AMORC.

Otro ámbito en el que René Guénon ha hecho fortuna es en la masonería, a partir de su reimplantación en España, tras la desaparición de la dictadura franquista. Siguiendo los pasos de la masonería francesa tradicional, también aquí los masones adscritos a la tradición espiritual de Occidente, es decir, la judeocristiana, han hecho posible que un sector de la Orden de la escuadra y el compás esté significativamente influenciada por el pensamiento y la obra de René Guénon.

Hay incluso alguna logia que podríamos calificar de «guenoniana», perteneciente a la Gran Logia de España.

Y, naturalmente, no podemos olvidar que el ideario de Guénon está muy presente en ciertos ambientes del islamismo español.

Louis Cattiaux en España

En mayo de 1953 Louis Cattiaux llegó a España, junto con sus amigos Emmanuel d'Hooghvorst y su esposa Elisabeth, guiado por algo más que el deseo de escapar de un entorno hostil, lo cual queda bien reflejado en sus cartas a R. Guénon. Había algo en los Pirineos Orientales que convertía esta zona en un lugar especial, pero no se detuvieron en la cordillera, sino que recalaron en un lugar más al sur, en Santa Fe del Montseny, en la sierra de este nombre, donde, a 1.100 metros de altura existía (y aún existe) un hotel frecuentado por excursionistas y algunos veraneantes, en una Cataluña aún sin turismo. No era precisamente un lugar de paso, ni resultaba conocido por ser un centro de peregrinación, como Montserrat o Núria. Pero debían ir precisamente allí, donde Louis Cattiaux conoció a la joven Margarita Creus, a quien entregó como regalo un ejemplar de *El Mensaje Reencontrado* (edición de 1946) y le hizo una predicción que se cumpliría años más tarde. Louis Cattiaux dejó allí el libro y volvió a su Francia natal, en la que abandonaría este mundo pocos meses después (el 16 de julio). El mensaje había sido entregado.

A Santa Fe del Montseny se trasladó luego Charles d'Hooghvorst (Carlos del Tilo, hermano de Emmanuel), donde conoció a Margarita Creus, se casó con ella y dieron a conocer *El Mensaje Reencontrado* en España.

Los primeros amigos de Louis Cattiaux en establecerse en Cataluña fueron Thierry d'Oultremont y su esposa Thérèse (hermana de Emmanuel d'Hoohgvorst), en 1954, y también dieron a conocer el libro en su entorno. Sin embargo, la obra de L. Cattiaux no fue publicada en español hasta 1978. Ese mismo año, los amigos del mensaje catesiano, con el activo Charles d'Hooghvorst al frente, crearon la revista *La Puerta* (en la actualidad *Colección*), decana entre las publicaciones de hermetismo y tradición en España.[6] Hasta su muerte, en 2004, fue el gran divulgador de *El Mensaje Reencontrado* en nuestro país.

En su lenta andadura, la obra de L. Cattiaux fue llamando la atención primero a unos pocos buscadores de Dios, hasta que, progresivamente, sería conocido y valorado en los diferentes medios espirituales, los ambientes esotéricos, los alquímicos, etc., sobre todo a partir de los años noventa, cuando ya muchos habían reconocido el peso de sus palabras, la luz oculta que encierra este texto único y singular. También comenzó a ser divulgado en algunos países de Hispanoamérica, especialmente en Argentina.

---

6. El último número es el 70 (tercera época): *Poesía y Sabiduría*, primer semestre de 2012.

En una carta a su amigo Gaston Chaissac, Louis Cattiaux predijo que el libro sería conocido mucho después de que él abandonara este mundo: «Este libro será conocido dentro de cincuenta años, pues prefigura el reino del Espíritu Santo que comenzará hacia el año 2000».[7]

En la actualidad, Internet acerca *El Mensaje Reencontrado* al mundo, existen portales sobre esta obra en cinco idiomas,[8] además de la web *arsgravis* o blogs como *humanadivinitas*, que dan a conocer el libro en la jungla fría del nuevo imperio virtual.

Con o sin Internet, *El Mensaje Reencontrado* es un libro que hace su propio camino, que escoge a sus lectores, como dice uno de sus versículos (XXXVIII, 36'):

«Los verdaderos creyentes, los religiosos de corazón, los simples y los pobres de Dios recibirán el Libro que los sirve, porque el Espíritu que los habita se reconocerá él mismo en el Libro».[9]

René Guénon reconoció su valor y su peso, pero era ya un hombre que había hecho una opción sin retorno, la del esoterismo islámico, y su vida quedó vinculada a él para siempre.

---

7. Colección La Puerta, *La interpretación de los misterios*, n.º 64, Arola ed., Tarragona, 2005, p. 46.
8. Lemessageretrouvé, Elmensajereencontrado, Ilmessaggioritrovato, Amensagemreencontrada...
9. La última edición en castellano de *El Mensaje Reencontrado* ha sido publicada por Herder Editorial, Barcelona, 2011.

La correspondencia entre Louis Cattiaux y René Guénon

A través de su relación epistolar, cada uno de ellos descubrió que su correspondiente era, como él, un hombre de la tradición. René Guénon y Louis Cattiaux eran representantes radicales e insobornables que se lo habían jugado todo a una sola carta, por lo que nació entre ellos una empatía y una cierta comunión de ideas, hasta el punto que –cosa del todo inusual– el autoexiliado de El Cairo invitó al singular alquimista Louis Cattiaux a visitarle. Sólo unos pocos tenían este privilegio, pues Guénon había cortado todo contacto con Occidente.

El concepto que los dos tenían del mundo moderno era muy similar. Todas las taras de nuestras sociedades actuales ya las denunciaban en aquellos años: su inversión, su banalidad, el materialismo utilitarista y mercantilista, la progresiva aceleración de la vida, la falsificación generalizada, el pseudo-orientalismo, el caos creciente, la deshumanización, el proceso de artificialización de la vida, etc. Cattiaux afirmaba (como Guénon) que la modernidad era una absoluta anomalía y el presente ciclo tocaba a su fin; difícilmente se podía caer más bajo. Basta con leer en *El Mensaje Reencontrado* los versículos que hablan del mundo moderno, de sus valores y de su ciencia.

Louis Cattiaux tenía la esperanza de aliarse con su nuevo amigo para colaborar en la restauración del mundo y reconducirlo por la senda de la tradición perdida. En una de sus cartas le dice: «sus fuentes tradicionales y mis fuentes herméticas deben encontrarse y fundirse armoniosamente en la única verdad». Guénon intuyó que su correspondiente poseía algo especial, diferente, como especial y diferente era aquel *Mensaje Reencontrado* que reseñó no sin satisfacción, pues pudo elogiarlo, cosa que –como él mismo confiesa– no era lo usual.

Por su parte, Louis Cattiaux se inclinaba ante la erudición de Guénon, pues era un autodidacta, desconocía las lenguas clásicas, leía alquimia y lo que podía; pero conocía la lengua de los pájaros que hacen su nido en la tierra humana. Amaba el Corán, aunque era un hombre vinculado al hermetismo cristiano, como el propio Guénon advirtió a leer *El Mensaje Reencontrado*. Cattiaux era un alquimista de la escuela tradicional, un operativo a ultranza, un hombre que afirmaba haber escrito su obra «bajo la inspiración de Dios». Esto en cierto modo escandalizaba a Guénon, pero la relación no se interrumpió, pues seguirá interesado en los conocimientos de su correspondiente. Tal vez intuyó que era posible que en su libro se ocultara la tradición primordial rediviva, como una luz oculta en las palabras escritas para este mundo. Por otra parte, el libro no era de fácil acceso, pues Guénon no estaba demasiado familiarizado con el lenguaje hermético en su estado puro (que Cattiaux había recuperado), y así lo reconoce, por eso no tiene inconveniente alguno en preguntarle directamente el significado de ciertos aspectos de *El Mensaje Reencontrado*, cuya obra está enteramente consagrada a los misterios de la regeneración espiritual y corporal del ser humano. El hermetismo afirma que no hay conocimiento sin el testimonio de los sentidos corporales, pero sobre todo, sin el sentido de aquel que ha recibido el don de Dios y ha sido regenerado. Y si entonces su misión es escribir un nuevo libro, ¿cómo explicar con palabras de este mundo que Dios aniquila al hombre para después reconstruirlo? ¿Cómo hablar de la separación interior entre lo puro y lo impuro, que se realiza en él? ¿Cómo describir el cuerpo de luz oculto en el cuerpo de carne mortal? ¿Cómo es posible tener en la mano la Materia de Dios? He aquí el desafío de los profetas que tienen por misión escribir un libro que revelará estos misterios sin profanarlos. Por eso en la lectura de sus textos hay que diferenciar cuerpo de cuerpo, pues el animal no es el de luz. Éste es el lenguaje de *El Mensaje Reencontrado*.

Y para colmo, el personaje exterior, el autor de la obra, no respondía a los clichés del mundo occidental que, fuertemente influenciado por cierto misticismo orientalizante, pensaba –y sigue pensando– que existe algo así como «cara de sabio». No, Cattiaux no tenía cara de santón mayestático, no era un erudito del esoterismo ni se situaba por encima de los demás hombres; tenía problemas económicos graves, sufría, se alegraba y lloraba como el común de los seres humanos. De hecho, era un *bon à rien*, un comediante; un loco de Dios al que le fue concedido recuperar la verdadera cordura. Con un personaje en cierto sentido tan poco dotado según el mundo, el Espíritu había compuesto una gran obra para todos los tiempos, y en particular, «para los tiempos nuevos»:

«El libro ha germinado en un hombre considerado por algunos como inútil, perezoso, rebelde, orgulloso e incluso impío, ya que el humor del Perfecto se complace en realizar grandes cosas con instrumentos irrisorios».[10]

Con tenacidad, Cattiaux insiste en pedir a su correspondiente una presentación para la nueva edición de su obra

---

10. *Op. cit.*, V, 4.

(que ampliará definitivamente a 40 libros o capítulos), pero finalmente Guénon no escribirá esa presentación y la relación epistolar terminará.

El lector leerá con provecho esta rica correspondencia, y cada cual extraerá de ella lo que más le instruya y reconforte. Dios escribe recto con líneas torcidas y solamente a Él pertenecen «el juicio, la luz y la gloria».

Pere Sánchez Ferré

Correspondencia completa entre Louis Cattiaux y René Guénon

Louis Cattiaux
París, 19 de octubre de 1947

Señor:

El conocimiento único que parece usted poseer acerca de lo que se ha venido en llamar la tradición primordial (creo que es la ciencia de Adán), así como los ánimos de los señores Chauvet, Chacornac y Gaigneron –olvidaba el Dr. Rouhier–, me incitan a pedirle su parecer sobre el libro *El Mensaje Reencontrado*, en particular en lo que concierne a esta tradición primordial.

Esta obra ha sido completada posteriormente, añadiéndole un decimotercer capítulo. Si le interesa, hágamelo saber, pues será un placer enviarle un ejemplar corregido, que le permitirá emitir un juicio, al cual doy una gran importancia.

De todas formas, le doy las gracias por su atención siempre despierta y le envío mi buen pensamiento.

*

René Guénon
El Cairo, 17 de noviembre de 1947

Señor:

Acabo de recibir su carta; habría debido agradecerle ya el amable envío de su libro, y me disculpo de no haberlo hecho hasta ahora. Por otra parte, tengo la intención de decir algo de él en *Études Traditionnelles*; sólo que será necesario, sin duda, esperar aún un poco para esto, no solamente porque no llego nunca a encontrar bastante tiempo para todo lo que querría hacer, sino también porque el espacio del que disponemos para las reseñas es muy limitado. Por lo demás, puesto que tiene a bien proponerme el envío de un ejemplar completo, acepto con mucho gusto y se lo agradezco de antemano; veo pues que vale más que espere a conocerlo para hacer esta reseña, y también para hacerle saber directamente mi impresión, tal como me pide. El señor Chauvet me ha hablado de usted varias veces, pero no sabía que estaba usted en relación con el señor Gaigneron.
Crea, se lo ruego, en mis mejores sentimientos.

*

Louis Cattiaux
París, 5 de enero de 1948

Señor:

Me siento honrado de saber que tiene a bien interesarse lo suficiente por mi obra, *El Mensaje Reencontrado*, como para leer un ejemplar completado a toda prisa, que le envío junto con estas palabras. Le adjunto el capítulo XIII en hojas volantes, que aparecerá en la próxima edición, si es que se lleva a cabo.

Lo que usted tenga a bien decir sobre este libro en *Études Traditionnelles* me será de gran valor, sea cual sea su juicio, así como su parecer particular, que espero conocer directamente.

Me alegraría que no tuviera en cuenta mi persona, ni nuestras relaciones comunes para decir lo que le parece justo y necesario sobre la obra sometida a su juicio; esto puede parecer doloroso y duro, pero es el único medio de conservar una honestidad en el verbo humano que parece estar destinada a desaparecer cada día un poco más.

Le envío mi buen pensamiento.

*

René Guénon
El Cairo, 31 de enero de 1948

Estimado señor:

Acabo de recibir su carta, así como el ejemplar completo de su libro, por el que le doy las gracias. Cuando hable de él en *Études Traditionnelles*, por supuesto que diré francamente lo que pienso, como usted me pide y como, por otra parte, hago siempre. De momento, permítame solamente hacerle una pregunta con respecto a la disposición de su texto en dos columnas paralelas: entre las cosas puestas así, una frente a otra, si bien hay en ellas algunas cuya relación es bien visible, hay muchas otras, en cambio, en las cuales no aparece claramente; ¿le sería posible explicarme un poco cuáles han sido sus intenciones al adoptar esta disposición?

Disculpe estas notas escritas deprisa; y crea, se lo ruego, estimado señor, en mis mejores sentimientos.

*

Louis Cattiaux
París, 17 de febrero de 1948

Estimado señor Guénon:

Estoy muy honrado por la atención que tiene a bien prestar a mi obra, y estoy agradablemente sorprendido por su pregunta sobre la relación que existe entre las dos columnas, pregunta absolutamente original, que hasta ahora ninguno de mis correspondientes había pensado en hacerme, tanto Patrice de la Tour du Pin, Georges Duhamel, Georges Barbarin, Daniel Rops, Jules Supervielle, Raoul Auclair, François Mauriac, los R. P. Régamey, Bruckberger, d'Ouince, de Romefort, Henri Sérouya, o los teólogos de las diferentes órdenes benedictinas y dominicanas, que me quieren quemar en las sacrosantas hogueras de la Inquisición felizmente difunta. (Respecto a los otros sectarios, creo que queda el procedimiento del tiro en la nuca).

En cuanto al señor Paul le Cour, J. Marcireau, el cardenal Suhard, R. Aron y algunos otros como Paul Claudel y Masal, de *Témoignage Chrétien*, no se han molestado en responder, excepto el señor Le Cour, que confunde el antiguo gorro frigio de los esclavos con el gorro de los iniciados; pero creo saber, por medio del señor Chauvet, el cuidado perfectamente inútil que usted se toma en poner de manifiesto las fantasías de este género. (Inútil en cuanto a su autor, por supuesto).

Volviendo a *El Mensaje*, es una obra que, en cierta forma, me ha sido impuesta, y de la cual ya había perdido un manuscrito, llamado lamentablemente *El Mensaje Extraviado*, robado en Douchy (Loiret) por las hordas de civiles franceses cuando huían, en 1940.

Las dos columnas han aparecido, naturalmente, como la réplica de la tierra y del cielo y de su necesaria unión, en lo cual consiste todo el misterio de la encarnación de la vida y de la toma de conciencia de aquel que la habita. Así, la columna de la derecha es un equivalente, pero no una explicación, de la columna de la izquierda; y examinando los catorce sentidos de estos versículos dobles, se les puede unir por medio de la síntesis del misterio primero de la creación, siempre más o menos presente por la virtud del sentido «alquímico».

Mi amigo Lanza del Vasto, que tiene a bien leer este libro desde hace un año y medio, me dice que tiene la impresión de que jamás lo reconoce, y yo mismo, cuando lo abro, me quedo sorprendido y siempre descubro algo nuevo, ¡lo cual es el colmo del asombro, confiéselo!

No obstante, ya no pienso mucho en este trabajo, persuadido de su inutilidad actual, y desanimado por el pequeño número de individuos dispuestos a leerlo el tiempo suficiente para que lo que es evidente se vuelva luminoso.

Es cierto que la forma condensada en extremo exige una digestión larga y secreta, de la que pocos hombres son capaces en la actualidad, sea porque la vida agitada del mundo se lo impide, o porque el sectarismo de las religiones dormidas se lo prohíbe.

También es necesario admitir que, hasta el momento, me ha sido imposible llegar al público especializado en este tipo de obras, y las escasas reseñas inconsistentes que han sido hechas no han servido de mucho para su difusión, y yo mismo no me he ocupado de hacerlo distribuir como hubiera sido necesario, por lo que, en definitiva, nada tengo que añadir a lo dicho.

Le señalo que los trece títulos de la columna de la izquierda son anagramas del primer título, lo cual es muy curioso como hallazgo. VERITÉ NUE.

Como la tradición le interesa por encima de todo (por otra parte, con razón), me permito señalarle el sentido último de esta obra, que es el sentido «alquímico», el de lo BAJO y el de lo ALTO que se unen en el silencio del blanco del medio.

Su amor por la calidad, en un mundo abocado a la devoción de la cantidad, su búsqueda de la profundidad sintética en medio mismo de la locura del análisis superficial desencadenado en el mundo, le harán penetrar fácilmente en la habitación de la Reina y del Rey, donde encontrará al niño recién nacido de todas las tradiciones verdaderas, el hijo verdadero de la Luna y del Sol alquímicos, el único que puede regenerar el mundo y volverlo a situar en su estado primero de pureza, de paz y de perennidad. Es algo muy grande que muchos de los grandes santos no han conocido, y que por consiguiente no han enseñado, como por ejemplo todos esos que se han vuelto «sociales», organizando mejor la prisión de los hombres, en lugar de indicar el medio para salir de ella.

Excúseme por esta extensa carta, y crea en mi gran alegría por encontrar, en un día próximo, a uno de los pocos seres vivos que han permanecido curiosos acerca del secreto de la vida.

Le envío mi buen pensamiento.

P. D.: He aquí, a título de indicación del todo provisional, algunos de los sentidos que, en términos generales, se pueden atribuir a las dos columnas:

Moral-Social	Cosmogónico-Universal
Ascético-Individual	Religioso-Místico
Poético-Simbólico	Filosófico-Iniciático

Gnóstico-Alquímico

Ejemplos tomados al azar:

Página 79,[1] versículos 25 y 25': Columna de la izquierda; sentido moral, social, ascético, individual, etc. Columna de la derecha: sentido cosmogónico, místico, gnóstico, alquímico, etc.

Página 101,[2]
–versículo 49: sentido filosófico, iniciático;
–versículo 49': sentido ascético y alquímico.

Así, las combinaciones son múltiples y a menudo existen también de un versículo al siguiente, abajo o cruzados.

---

1. Libro VI, versículos 25 y 25'.
2. Libro VIII, versículos 49 y 49'.

René Guénon
El Cairo, 24 de marzo de 1948

Estimado señor:

Acabo de recibir su carta del 17 de febrero, y le agradezco las explicaciones que ha tenido a bien darme acerca de su libro. No me extraña en absoluto que ninguna de las personas que me cita haya pensado en hacerle ciertas preguntas, puesto que la mayoría no son más que escritores del todo «profanos», y en cuanto a mí, nunca he tenido la menor confianza en las posibilidades de comprensión por parte de los literatos.

Ya que me habla de P. Le Cour, le diré que jamás me hubiera ocupado de él si él mismo no hubiera tenido deseos de perseguirme constantemente con sus necedades y si no me hubiera dado cuenta de que su desequilibrio evidente lo predisponía, en ciertas circunstancias, a servir de instrumento de influencias más peligrosas.

En cuanto a J. Marcireau, cuyas iniciativas tienen todas un objetivo «comercial», estoy muy molesto de servir, a mi pesar, para dar publicidad a este poco interesante personaje; pero, desgraciadamente, hasta el momento no he encontrado ningún medio eficaz para obligarle a acabar con esta situación…

Volviendo a su libro, enseguida me di cuenta de que los títulos de las columnas de la izquierda eran una serie de anagramas y que todos estaban compuestos de las mismas letras; pero creí que esto era algo hecho ex profeso, y debo decirle con franqueza que vi en ello una de esas «singularidades» que se encuentran casi siempre en las obras sobre el esoterismo occidental, y que causan una impresión algo embarazosa a quienes, como es mi caso, están más habituados a las formas orientales. También he percibido, en otras partes del libro, algunas cosas del mismo tipo, como, por ejemplo, el versículo 46 ter. de la columna derecha de la p. 29.[3]

¿Puedo preguntarle por qué escribe Krist, lo cual no está de acuerdo con la forma griega original Christos, y no Kristos?

En cambio, hay ciertos versículos que me han recordado algunos aforismos taoístas; ¿es indiscreto preguntarle si ha tenido la ocasión de estudiar el *Tao Te King*?

En el fondo, no me sorprende que usted pueda descubrir siempre alguna cosa nueva en lo que ha escrito, pues además del sentido general, que necesariamente debe ser completamente consciente, en la formulación pueden introducirse muchas cosas secundarias que primero pasan desapercibidas. Pero lo que me parece más importante es saber si la pluralidad de sentidos de la que me habla ha sido intencionada, o bien si se dio cuenta de ello con posterioridad... Por otra parte, cuando dice que el sentido último es el sentido «alquímico», ¿cómo lo entiende

---

3. En la primera versión, enviada a Guénon, este versículo era como sigue:
La lluvia 40   Lo lleno 150
La isla 257   La Tierra 297
La rama 304
La Luna 311   El Sol 375

Louis Cattiaux sustituyó este versículo por el que aparece en la edición Denoël, de 1956, que corresponde al versículo II, 51'. Ésta es la edición *princeps* que incluye los 40 capítulos.

exactamente?; ¿considera usted que este sentido es superior a los otros, o únicamente es, de alguna manera, el vínculo entre ellos?

Discúlpeme por hacerle tantas preguntas, y solamente me lamento de no poder examinar tan extensamente y con la atención que sería necesario, no por las preocupaciones de orden exterior, sino simplemente porque no tengo el tiempo suficiente para todo el trabajo que debería hacer.

Pienso que, entre los personajes que en Occidente son considerados «grandes santos», hay en realidad categorías diferentes, y no creo que los que se han vuelto «sociales», como dice usted, puedan representar algo muy elevado desde el punto de vista de la verdadera espiritualidad, que seguramente nada tiene que ver con la «filantropía».

Crea, se lo ruego, estimado señor, en mis mejores sentimientos.

*

Louis Cattiaux
París, 7 de abril de 1948

Estimado señor Guénon:

Hasta ahora no he recibido su carta del 24 de marzo, y estoy sorprendido por la lentitud del servicio de correos con una distancia tan pequeña. Por lo tanto, he decidido probar la vía aérea a fin de que le llegue con más rapidez.

Me siento honrado por las informaciones que me pide acerca de mi libro, e intentaré satisfacerle en la medida de mis medios, que son muy humanos, es decir, muy imperfectos.

Su juicio sobre los literatos es muy pertinente, y añadiré que en ellos únicamente prevalece lo mental, incluso cuando intentan caricaturizar el espíritu, pues uno es todo superficie y el otro, todo profundidad. Existe también un deseo ingenuo de disfraz perpetuo y como una obligación oscura de exhibicionismo constante. Comprendo lo que pueda haber para usted de irritante en los comentarios de P. le Cour y de Marcireau, pero los adoquines están hechos para los osos y no la ambrosía de los dioses. También yo lo he experimentado al ver mi nombre asociado sistemáticamente a las designaciones de pintor, poeta y brujo, después que un todo poderoso redactor cambió, en un artículo sobre mí, el vocablo de «mago» por el de «brujo». Y corro el riesgo de ser considerado brujo por mucho tiempo. Al principio, este tipo de violaciones me turbaban, pero ahora me es suficiente saber quién soy y lo que tengo para estar del todo en reposo, pues ningún apelativo puede cambiar nada dentro de mí.

Una dama de mi entorno me decía recientemente acerca de sus obras que eran muy difíciles de penetrar porque debía releer varias veces la mayoría de frases a fin de asimilarlas plenamente. Pienso que es un homenaje de no literatura que le consolará de la prosa de los pseudoiniciados.

Volviendo a lo que me pregunta, debo confesarle francamente que los 13 anagramas de las columnas de la izquierda son buscados y constituyen una de esas «singularidades» que se encuentran en las obras herméticas. Es una pequeña debilidad que usted tendrá a bien perdonarme, teniendo en cuenta la desnudez del resto de la obra. Esto debe ser una herencia de los maestros de la Edad Media que tanto admiro.

El versículo 46 ter. de la columna derecha, de la p. 29, ya ha sido corregido como sigue: «La nueva Luna saldrá de la nueva Tierra y el nuevo Sol saldrá de esta Luna, y estos dos se unirán para engendrar al salvador del fin de los tiempos».[4]

Antes de su intervención he corregido lo que había de agresivo en las cifras del diluvio de Noé, que se referían a la misma operación alquímica.

Igualmente, el versículo 54 de la p. 30, de la columna de la izquierda, ha quedado así: ¿Qué son incluso los libros santos comparados con el misterio de vida que subsiste en el Sol y en la Tierra? Sin embargo, contienen la llave que abre y que cierra el manantial del abismo y el sello que cubre el germen del Señor de los mundos».[5]

Ahora el libro está terminado, corregido y completado, y he procurado no herir ninguna susceptibilidad, pero lo que puede parecer oscuro o extraño proviene del hecho de que la mayoría de lectores tienen un conocimiento vago o nulo de la terminología alquímica y también del espíritu alquímico que aclara singularmente los escritos de las diferentes tradiciones, incluidos los Evangelios, que en general los cristianos consideran como un asno podría mirar una lira.

He escrito Krist por deseo particular, pero también tal vez porque la raíz KRI significa «acto» y porque KRIST me parece la contracción de KRISTÓBAL, que significaría pues «el acto fijado en Dios». Tal vez también porque la K del alfabeto, que es la 11.ª letra, corresponde a la C, que es la 3.ª, más la H que es la 8.ª, cuya suma da también 11, la unidad desdoblada y añadida a ella misma. Pero no quiero darle

---

4. Finalmente este versículo no figuró en la edición Denoël.
5. Libro II, 54.

razones sabias porque este tipo de juego es muy vano y está muy en la superficie de las cosas y de los seres.

Poseo el *Tao Te King* en una pequeña edición de Payot, de la colección Petite Anthologie. La traducción es de Pierre Salet, pero usted sabe tan bien como yo que los sinólogos tropiezan con los diferentes sentidos de la escritura china y que, por lo tanto, ninguna traducción es del todo válida.

Admiro mucho a Lao Tsé, a quien considero como uno de los Padres de la alquimia, pues su libro es un puro tratado de alquimia, como todos los grandes escritos. El parentesco que pueda encontrar viene de la idea –debería decir la realidad madre– que es tratada. Mi veneración hacia este Padre es completa, al cual considero como un Padre espiritual y lo alabo en mi corazón.

El sentido general y particular es el sentido alquímico, y todos los otros vienen a injertarse naturalmente a este tocón antiguo, y puedo asegurarle que la pluralidad de esos sentidos no es intencionada, sino que deriva, por generación natural, de la raíz madre; es lo que explica que, hablando conscientemente de una cosa, pueda descubrir, para mi gran asombro, aspectos múltiples de esta verdad en el Universo creado y aprender en detalle lo que conozco en la totalidad.

Soy muy ignorante acerca de muchas cosas, pero esto ya no me preocupa mucho, y le confieso sin inconveniente esta inferioridad. Así, el señor Chauvet es mucho más instruido que yo y, no obstante, es él quien siempre me hace preguntas, ¡en verdad es muy curioso!

Soy de su parecer con respecto a los profetas «sociales», que intentan organizar las acciones y los hechos de los hombres encarcelados, en lugar de enseñarles el camino de la liberación, pero los que no sobrepasan su propia capacidad son respetables mientras no abusen del mundo con sus conocimientos, sus revelaciones y sus poderes. En esto lamento que mi amigo Lanza del Vasto, discípulo de Gandhi, haya escogido esta vía y, en cierto modo, somos opuestos en cuanto a nuestras respectivas actividades.

Le envío mi buen pensamiento y le doy mi sincero agradecimiento.

P. D.: Ante la perspectiva de una edición en inglés, en danés y en francés, posibles próximamente, ¿podría pedirle una introducción para *El Mensaje Reencontrado*, si ello le agradase plenamente? A cambio, no podría ofrecerle más que una pintura alquímica, pintada con la bella y rara materia de los pintores del siglo xv.

*

René Guénon
El Cairo, 24 de mayo de 1948

Estimado señor:

Debería haberle agradecido antes las nuevas explicaciones que ha tenido a bien darme sobre su libro, en su carta del 7 de abril; le ruego que me disculpe, pues últimamente he estado un poco fatigado.

La pluralidad de sentidos me parece algo perfectamente natural, ya que es inherente a todo simbolismo, y cuando se acude a éste, no es necesario desearlo expresamente para que exista. Ahora, si lo he comprendido bien, de alguna manera es el sentido alquímico el que usted considera fundamental en relación a los otros; parece pues que, según esto, su punto de vista se refiere sobre todo al orden «cosmológico», aunque naturalmente este sentido sea susceptible de una trasposición a un orden superior; pero a lo que se refiere directamente es de lo que quiero hablarle. Si ha leído usted lo que he escrito sobre el hermetismo en *Aperçus sur l'Initiation*, comprenderá fácilmente lo que quiero decir.

No puedo más que aprobar completamente el que haya modificado algunos pasajes que tenían un aspecto demasiado enigmático.

No hay que olvidar que algunas indicaciones numéricas, que son algo completamente normal cuando se emplean ciertas lenguas como el árabe y el hebreo (e incluso hasta cierto punto el griego, aunque estén mucho menos vinculadas a su misma constitución), no lo son en absoluto en las lenguas occidentales. En el alfabeto latino, el propio orden de las letras no da mucho de sí porque no corresponde a un valor numérico; por esa razón, a pesar de lo que algunos pretenden, es del todo imposible calcular realmente el número de un nombre europeo. Por otra parte, hay que desconfiar de ciertas relaciones lingüísticas que no son más que apariencias engañosas: así, *Christos* no tiene nada en común con la raíz «kri», pues la «ch» y la «k» son en griego dos letras del todo diferentes; de hecho, *Christos* no es sino la traducción literal del hebreo «*Messiah*». En cuanto a Cristóbal, no conozco este nombre sino como una deformación de «*Christophoros*» en español. No me explico, pues, el sentido que usted puede haberle encontrado.

Lo que dice acerca de los Evangelios es desgraciadamente muy cierto: la mayoría de los cristianos actuales parecen haber tomado partido por no ver en ellos nada más que banalidades morales y sociales.

La traducción del *Tao Te King* de P. Salet es probablemente la más defectuosa de todas; este hombre, que es astrónomo de profesión, también ha «traducido» todo tipo de textos sin conocer nada de las lenguas en las que están escritos, haciendo simplemente una especie de «media», si se puede decir así, entre las diferentes traducciones ya existentes; no es un procedimiento muy serio… Es cierto que ninguna traducción es completamente satisfactoria, y lo mismo sucede con todos los Libros Tradicionales sin excepción.

Crea, se lo ruego, estimado señor, en mis mejores sentimientos.

*

Louis Cattiaux
París, 24 de junio de 1948

Estimado señor:

Siempre me ha atraído esta ciencia etimológica, tan despreciada por la mayoría de los letrados, y tan rica en enseñanzas sobre el sentido profundo de los seres y de las cosas.

Poseo incluso el libro del canónico Hilario de Berenton sobre la derivación de las lenguas del sumerio, pero aún no he tenido la ocasión de estudiarlo, y mi curiosidad intelectual va disminuyendo porque cada vez me molesta menos mi ignorancia de la letra. Así, mi explicación de Krist era una tentativa educada para hablar su lengua, la cual manifiestamente no conozco, como me lo prueba usted con una erudición y un tacto perfectos. Me consuelo pensado que los bretones la escriben también de esta manera, pero probablemente esto no es una razón suficiente, ¿y hay una razón suficiente para todo, fuera de la esencia y de la sustancia primeras? Para mí esto es lo único que importa y es el objetivo de toda mi búsqueda, porque creo que todo el resto mana de esto naturalmente.

La pluralidad de sentidos que se impone es, para mí, una prueba de la proximidad cierta a la raíz primera, y esta raíz primera es el sujeto alquímico de donde emanan las religiones que, por medio de los símbolos, los ritos y los mitos, conservan el secreto del comienzo y del fin de las formas creadas. El secreto alquímico desnuda el secreto cosmológico, ya que el primero es en pequeño lo que el segundo es en grande. También desnuda todos los otros secretos del Universo, y por eso ha sido denominado con propiedad la gran obra.

Con facilidad puedo ser tachado de ignorante en muchos temas, pero no me preocupa demasiado, como aquel que pudiese ser tachado de indigente porque sólo tiene grano en su granero y no oro en el bolsillo. Cuando la necesidad habla como dueña exigente, la comida está asegurada, mientras que el banquero puede muy bien morir de hambre. Es debido a la formación de mi espíritu que, desde hace mucho tiempo, haya buscado la sustancia en la mano con preferencia al espíritu en el viento. Es la misma cosa, pero no en el mismo estado. Es como el aire líquido, o también el aire sólido, cuyas propiedades son otras y concentradas al extremo. Es como la integración, que es «hacer», mientras que la desintegración es «deshacer».

Como muy bien lo ha subrayado en su obra sobre la iniciación, hay que recibirla de un maestro cualificado y vivo en lo que concierne a los «poderes», pero creo que en lo concerniente al conocimiento, puede recibirse de un maestro espiritual aparentemente ausente de este mundo, bien sea por medio de sus escritos o por revelación.

Así he podido encontrar la materia pictórica de los pintores flamencos del siglo XV, materia inimitable debido a sus cualidades y por su empleo, y totalmente ajena a las investigaciones complicadas de los laboratorios modernos sobre las lacas celulósicas. Por ejemplo, he conocido a gente muy instruida que han estudiado la cuestión durante toda su vida y han escrito libros voluminosos sobre este tema misterioso que desespera a los investigadores; me han enseñado muchas cosas apasionantes que ignoraba; son conocidos como maestros eruditos que gozan de la consideración de los especialistas y son honrados con cargos, empleos, condecoraciones, etc. Se han quedado muy sorprendidos y vejados cuando les he mostrado pinturas mías recientemente ejecutadas con esta famosa materia de la que hablan tan bien y con tanta profusión, y no los he vuelto a ver. Ahora, pues, no digo nada, no muestro nada, no afirmo nada, y escucho respetuosamente a los poseedores de un tan gran saber que agradecen mi atención y mi buena voluntad de ignorante.

Quiero decirle que he tenido que encontrar estas cosas sin la ayuda de un maestro vivo, que desde luego hubiera facilitado mi avance y que me hubiera evitado la angustia y la desesperación de años de búsqueda en las tinieblas de la fe. No obstante, los escritos de los maestros antiguos, mis oraciones y su ayuda espiritual, con el permiso de Dios, me han permitido ver la cosa con mis ojos de carne y tocarla con mis manos de hombre encarnado; esto me consuela ampliamente de no ser sabio, ni pontífice, ni conocido, ni honorado, ni envidiado; esto también me permite escuchar a quienes saben muchas cosas raras y así aumentar mi tesoro con ornamentos brillantes que no me cuestan más que el esfuerzo de la buena voluntad y de la humildad consentida de buen grado. También me gusta escuchar a los verdaderos idiotas y a los niños que dicen tantos secretos evidentes u ocultos. Alabo a Dios por la mañana y por la noche cuando desbordo de contento y de gratitud. Soy feliz con mi suerte, amo las artes pero no temo la pobreza. Finjo reír y llorar frente al espectáculo de la vida y de la muerte a fin de no escandalizar a mi entorno, riendo de todo francamente.

Tal vez mi obra pasará a América, donde será traducida y editada, pero ahora esto me parece extraño y sin demasiada importancia.

Le envío mi siempre buen pensamiento.

*

René Guénon
El Cairo, 17 de setiembre de 1948

Estimado señor:

Respondo con retraso a su carta del 24 de junio que, por otra parte, ha tardado mucho en llegar; las hay en este momento que permanecen 2 e incluso 3 meses en camino, no se sabe por qué…

Entre tanto, le había preparado una reseña de su libro que, según creo, aparecerá en el número de *Études Traditionnelles* de este mes; espero que esto no le desagrade demasiado.

La búsqueda de etimologías es seguramente muy interesante, pero a menudo peligrosa si no se apoya sobre bases suficientes; las elucubraciones de P. le Cour son un terrible ejemplo de ello. Conozco las obras del P. Hilaire de Berenton; es de una fantasía inverosímil; descomponiendo las palabras como lo hace, se puede llegar a probar cualquier cosa; realmente es una pena ver tantos esfuerzos empleados para nada.

Pienso que la ortografía «Krist» en bretón se debe simplemente a una razón fonética relacionada con las reglas convencionales que se han debido adoptar para escribir esta lengua con caracteres latinos.

No estoy nada sorprendido por lo que me dice sobre la manera como usted ha podido encontrar cierta materia pictórica; en efecto, en otro tiempo conocí a alguien que, por medio de indicaciones recibidas en sueños, encontró ciertos procedimientos perdidos de los iluminadores de la Edad Media. Aunque desde luego todas esas cosas proceden de un orden psíquico y no espiritual, y en consecuencia están completamente fuera (o, si quiere, «al lado») del trabajo iniciático entendido en su verdadero sentido.

No hace falta que le diga cómo apruebo que no se deje influenciar por todo lo que pueda decir la gente, en uno u otro sentido; los «eruditos» en particular, cuando no son más que eso, verdaderamente tienen en el fondo muy poca importancia...

Deseo que prospere el proyecto de traducción y edición de su libro en América; desgraciadamente, en las circunstancias actuales las dificultades de publicación son allí tan grandes como en todas partes, y ¿quién sabe cuándo todo esto volverá a condiciones más normales?

Crea, se lo ruego, estimado señor, en mis mejores sentimientos.

*

Louis Cattiaux
París, 31 de agosto de 1948

Estimado señor y amigo:

Estoy aterrado por la ignorancia, el orgullo, la vanidad, más bien, del clero cristiano, y por su sectarismo estrecho y feroz. Tienen siempre la intención de quemar a quienes no se someten a sus concilios de hombres ciegos, y han conservado intacta la hipocresía de los fariseos que hace fructificar su maldad delirante.

Es inútil que le describa la despreciativa acogida que mi obra ha recibido aquí. Unos amigos me han aconsejado presentarla en la India o en el Islam, y me permito pedirle consejo, teniendo en cuenta su conocimiento de esas civilizaciones.

Heme aquí extranjero entre las gentes de Occidente y como exiliado entre ellos, por lo mucho que mi manera de vivir y de pensar se opone a la suya. Usted ha debido sufrir esto antes que yo y comprenderá fácilmente el aislamiento espiritual en el que vivo aquí.

Le estoy agradecido de antemano por su consejo, sea cual fuere, y le envío mi siempre buen pensamiento.

*

René Guénon
El Cairo, 4 de octubre de 1948

Estimado señor:

Acabo de recibir su carta del 31 de agosto, que debe haberse cruzado con mi respuesta a la precedente, pues me parece que le escribí a mediados del mes anterior.

Como puede suponer, no estoy nada sorprendido de la acogida que ha tenido su libro; tanto si se trata del clero, como de la universidad o de otros medios, por todas partes es igual debido a la mentalidad estrecha y limitada, salvo muy raras excepciones. Aún puede usted considerarse más bien afortunado si sólo se trata de aislamiento, como dice, sin manifestaciones de una hostilidad más «activa». En cuanto a mí, en los últimos tiempos que estuve en Francia, esto se volvía insostenible de todas las maneras; afortunadamente, desde que estoy aquí todo ese mundo no puede más que ladrar de lejos, lo cual es mucho menos molesto…

Respecto a la pregunta que me hace, debo confesarle que me causa cierto embarazo responderle. En los países islámicos, las personas que se interesan por este orden de conocimientos, en general, no conocen ninguna lengua europea; los demás están demasiado «occidentalizados» o «modernizados», lo cual en el fondo es la misma cosa. En la India es necesario, por lo menos, que un libro haya sido traducido al inglés para que pueda llegar a un público más o menos amplio, pues los que saben francés son una ínfima minoría. Hay además una dificultad de otro género: la forma de su obra es demasiado diferente de las maneras de expresión de las tradiciones orientales para que sea asimilable tal como es. Le diré incluso que no es traducible, y que solamente se podría pensar en una especie de «adaptación», lo cual requeriría un trabajo considerable. Sin embargo, si la traducción inglesa de la que me habla se editara en América, tal vez podría intentar hacerlo penetrar en la India; no veo qué otra cosa podría hacerse, a menos que se den circunstancias imprevistas. Lamento no poderle dar informaciones más satisfactorias, pero es necesario ver las cosas como son; en el dominio puramente metafísico, en todas las tradiciones siempre pueden encontrarse equivalencias exactas; pero no es así cuando se trata de un punto de vista cosmológico, como al que se refiere el hermetismo. Sea como fuere, le deseo que a pesar de todo no se deje desanimar demasiado fácilmente por la lamentable mediocridad del mundo occidental actual; hay que pensar que se trabaja sólo para algunos y no preocuparse de los otros.

Crea, se lo ruego, estimado señor, en mis más cordiales sentimientos.

*

Louis Cattiaux
París, 19 de octubre de 1948

Estimado señor:

Gracias por el bello y simpático estudio de mi obra, aparecido en *Études Traditionnelles*;[6] literalmente, usted me mima; entiendo sobre todo que ha sabido aprehender

---

6. *Véase* el Anexo 2, pp. 150 y ss.

todos los sentidos de este trabajo y llevarlos a su conclusión, que es el misterio cosmogónico, puesto que la alquimia es propiamente el secreto de la creación universal y desvela y rehace en pequeño la gran obra de los mundos.

No hay más que una verdad y un misterio central, de donde vienen todas las iniciaciones, todos los símbolos y todos los ritos. Cuanto más se aproxima uno a ellos, más solo se está y se es más incomprendido, es decir, odiado por las gentes fijadas en la estrechez de las sectas, sean religiosas, filosóficas, iniciáticas o políticas.

Me alegra que haya observado y señalado el parecido de ciertos versículos con el pensamiento taoísta que tanto admiro. Todo lo que se refiere auténticamente a la gran obra sigue obligatoriamente la traza de los antecesores, y casi es imposible no poner a menudo nuestros pies en sus pasos, entonces es una alegría constatar la similitud de forma y de medida, alegría sutil y secreta, como una aquiescencia muy cierta de los maestros espirituales.

Imagine mi asombro (debería decir mi sofoco) cuando me di cuenta de que todos los libros santos eran libros alquímicos de una audacia loca y como blasfema, de tan al descubierto como está en ellos el secreto divino. Son estos libros los que me han dado la llave de las obras alquímicas clásicas, tan aparentemente oscuras que la gente considerada seria y razonable se burla cuando se habla de ellas (como si la creación estuviera sujeta a su llana y pequeña razón de pedantes satisfechos).

He suprimido, tanto como me ha sido posible, las extrañezas que le decepcionan a fin de no acumular barreras y trampas que pueden, efectivamente, desanimar a espíritus no preparados para esta suerte de juegos que desvían la atención del tema principal.

He apreciado mucho el humor cruel de la parte final, donde pregunta «lo que los "especialistas" del hermetismo, si es que todavía los hay realmente competentes, podrán pensar de este libro y como lo valorarán».

Puedo responderle a propósito de esto y decirle que se han quedado mudos como carpas, mientras que normalmente destrozan con malignidad las obras de sus cofrades «sopladores». Es una señal que me ha servido de consuelo, al constatar su prudencia unánime ante esta obra.

Los editores se asustan con sólo verlo y no preveo una reedición próximamente, ni una traducción, de la que temo, como usted, todas las traiciones.

Sin embargo, le pido si consentiría retomar y completar su excelente estudio con el objetivo de hacer una «introducción», indispensable para una edición ulterior, que Dios permitirá si quiere.

No sé cómo agradecerle haber mencionado mi obra tan generosamente al final de su estudio. ¿Aceptaría una pequeña pintura en recuerdo de nuestro encuentro espiritual? No conozco su posición respecto a las imágenes, y en consecuencia no me atrevo a hacer nada sin su previo acuerdo.

Estoy terminando las correcciones definitivas en un ejemplar de mi libro y se lo enviaré tan pronto como estén acabadas a fin de que tenga la materia lista para la introducción, si consiente este esfuerzo para usted y este placer para mí.

Gracias por sus informaciones sobre los países islámicos e hindúes; constato que lamenta, como yo, la «occidentalización» de muchos de los letrados orientales, que se vuelven así como pobres simios que ya no saben encender la linterna, como plantas cortadas de su raíz que vegetan en el agua turbia, que ya no pueden reproducirse. Es justamente lo que usted deplora en su artículo titulado «A propósito de las conversiones». En efecto, sólo es posible convertirse útilmente subiendo, y jamás acosando; debería haber dicho «adquiriendo» y no «subiendo».

Buda dijo: «La salvación es un sueño del que es terrible despertarse», y justamente acabo de despertarme orinando sangre y retorciéndome de dolor como un gusano cortado con un golpe de arado. Me he resfriado llevando mil invitaciones a los miembros de la ONU, que han respondido con una abstención general. Debemos creer que sus trabajos les absorben demasiado o que las salas de fiestas los agotan completamente; de todas formas, parece que los diplomáticos permanecerán ajenos al arte aún por mucho tiempo.

Ciertos medios literarios parecen interesarse por el ocultismo en general y por las doctrinas esotéricas en particular; desgraciadamente, siempre me recuerdan al simio charlatán que no puede encender su linterna. En este dominio, temo la invasión de los patanes de café, y pronto nos amonestarán en serio a este respecto. El señor A. Breton, el actual papa del surrealismo, parece que se orienta hacia un fructífero pillaje de los autores herméticos y no me sorprendería ver a las cohortes de falsificadores y de mediocres disfrazarse bajo el manto de la filosofía hermética y suceder a los sopladores insolentes, cacoquímicos y otros abstractores de quintaesencia. Le apuesto a que no les faltarán editores ni sostenedores benéficos en este desfile charlatán y estruendoso, pues Iblis no es un ser imaginario en este mundo, sabe reconocer a los suyos y ayudarlos.

Tiene usted toda la razón al recordarme que «hay que trabajar para algunos y no preocuparse por los otros». Aquí la serenidad se ha convertido en una hazaña poco ordinaria, difícil de realizar en medio de la vida tan perturbada de las sociedades agonizantes, y las molestias llueven de todas partes y se multiplican hasta el absurdo.

Si la suerte hiciera que un día pasara usted por París, sería muy feliz de recibirlo en mi casa y así conocer mejor a uno de los pocos hombres apasionados por el misterio del comienzo y del fin.

Le envío mi siempre buen pensamiento.

*

René Guénon
El Cairo, 2 de diciembre de 1948

Estimado señor:

Hace unos días recibí su carta del 19 de octubre, y estoy confundido al ver el gran agradecimiento que manifiesta por la reseña que he hecho de su libro. Siempre digo lo que realmente pienso, y demasiado a menudo estoy obligado a decir más mal que bien acerca de las obras sobre las que debo hablar, así que me siento muy dichoso cuando encuentro una que es una excepción, como es su caso…

Le agradezco vivamente la intención de ofrecerme una pintura suya, y la aceptaré con gran placer, si ve la manera de hacérmela llegar. Un envío postal sería muy arriesgado y es muy dudoso que llegara a su destino sin estropearse por el camino. Sería necesario encontrar a alguien que viniera aquí y que se encargara de traerla; puede presentarse la ocasión (ya ha habido otras), pero desgraciadamente por el momento no la veo, de manera que debemos resignarnos y esperar, aunque en todo caso no veo que sea posible antes del próximo verano.

Gracias de antemano por el envío de otro ejemplar de su libro con las correcciones definitivas. Respecto a transformar mi reseña en «introducción» para una segunda edición, desde luego que accedería, pero nunca me atrevo a comprometerme demasiado a nada. En todo caso, como no es para ahora mismo (pero espero que tenga éxito en la búsqueda de un editor), tenemos todavía mucho tiempo para pensarlo... Pero, por otra parte, usted ya tiene la de Lanza del Vasto; dos ¿no serán demasiado?

El interés, seguramente muy superficial, de los medios literarios por todo lo que se refiere más o menos al esoterismo, no me parece muy tranquilizador, y sobre esto pienso como usted. ¿Cómo podemos esperar que estas gentes sepan distinguir entre el verdadero esoterismo y sus múltiples falsificaciones? Es muy probable que lo que les atraiga sea más bien estas últimas, el ocultismo y otros...

La abstención de los miembros de la ONU, de la que se queja, ¡desde luego no me sorprende en absoluto! Pues existen preocupaciones que son difícilmente compatibles entre sí. En cuanto a la «occidentalización» de ciertos orientales, la deploro aún más que usted porque donde estoy esto me toca más directamente.

Gracias por el amable ofrecimiento de recibirme en su casa si fuese a París, pero ¿quién sabe si esto sucederá algún día? Hace cerca de 20 años que no me he movido de aquí, pues nunca he sido muy viajero, y ahora, que los desplazamientos se vuelven cada vez más difíciles y complicados desde todos los puntos de vista, no resulta en verdad demasiado atractivo...

Crea, se lo ruego, estimado señor, en mis más cordiales sentimientos.

*

Louis Cattiaux
París, 12 de diciembre de 1948

Estimado señor:

Le envío por correo una pequeña pintura talismánica que se titula *El árbol de vida*. He escogido algo que sobrepasa las apariencias ordinarias buscadas en el arte de pintar.

Notará que hay, en el centro del árbol, algo como un fruto, que es una materia «realmente viva» y bastante rara en este estado de pureza. Espero que le guste o por lo menos que se acostumbre a ella, a pesar de su aspecto sorprendente.

Desde hace dos años, he trabajado todos los días en este libro que usted ha tenido a bien aceptar y comentar con pertinencia. Le agradezco que lo haya leído, cosa que mucha gente con prisa no se han tomado la molestia de hacer, y lo que ha dicho usted lo prueba suficientemente.

Me he permitido pedirle esta introducción porque me parece indispensable para los letrados y para los demás que leerán esta obra. Mi amigo Lanza del Vasto ha hecho un buen prefacio, pero no introduce, lo cual es una laguna que me han reprochado no pocos lectores. Su autoridad única en lo que concierne al esoterismo y particularmente a la tradición primordial ha hecho que le pida naturalmente esta introducción. Como usted lo preveía, creo que tiene todo el tiempo necesario para llevarla a cabo, toda vez que ya conoce las correcciones y los complementos de la próxima edición, pues los editores que se atreven a interesarse por este tipo de obras son escasísimos.

Los medios literarios, que se creen tan inteligentes e intelectuales, se comportan ante el esoterismo con una ingenuidad de niños viciosos; y como bien lo dice usted, buscan sobre todo el lado charlatán y falsificador de los más o menos hábiles que desacreditan los misterios santos.

Creo que esto no se hace sin el permiso de Dios, que aparta así a los indignos y a los demasiado astutos.

Actualmente leo una traducción de Corán hecha por O. Pesle, doctor en derecho, maestro de conferencias en el Instituto de Altos Estudios Marroquíes, y por Ahmed Tidjani, diplomado de la madraza de Argel; y en el prefacio de Octave Pesle leo con estupefacción esta frase alucinante de ignorancia y de pretensión: «Sin duda, hay matices entre la poesía, la magia y la profecía. Pero por lo menos tienen en común que beben de la misma fuente, lo sobrenatural, y persiguen el mismo objetivo, que es iniciar al hombre en lo artificial, forjar en él ilusiones y un ideal».

¿Qué piensa usted de esto? ¡Dios confundido con lo artificial, la ilusión y el ideal, por un pedante diplomado, traductor del Corán! Por lo menos es un poco fuerte, como se dice vulgarmente, y debemos constatar que el cartesianismo ha podrido a todos los universitarios; como un topo que inspecciona el cielo con unos anteojos de teatro. Sería risible si un tal disminuido perorase desde lo alto de su pupitre de maestro ciego, pero resulta que también escribe, y precisamente allí donde no le debería estar permitido hacerlo, sobre un libro santo, como una mosca que defeca sobre una obra maestra.

Imagino que Mahoma no previó esto, y los hipócritas que tanto le hacían sufrir, hoy lo son mucho más.

Hágame saber si ha recibido felizmente la pintura que voy a mandarle sin demora.

El libro con las correcciones aún no está terminado (este trabajo nunca se acaba). Se lo enviaré tan pronto como esté listo.

Comprendo bien que permanezca en su lugar, pues mi vida ha sido así hasta ahora, pero espero, en el futuro, poder viajar, cuando haya acabado mi búsqueda inmóvil.

Le envío mi siempre buen pensamiento.

*

René Guénon
El Cairo, 7 de febrero de 1949

Estimado señor:

Acabo de recibir su carta y veo que está fechada el 12 de diciembre; las fantasías de correos son cada vez más incomprensibles... Su pequeña pintura ha llegado al mismo tiempo y, contrariamente a lo que temíamos, en perfecto estado: ¡no sé cómo agradecerle su amabilidad! Ciertamente, ha escogido muy bien el tema; en efecto, el aspecto es un poco extraño a primera vista, como me dijo, pero hay algo muy impactante en los colores que recuerdan los de los antiguos vitrales. ¿Hay en la materia empleada algo que pueda explicar este parecido? En todo caso, esto no tiene nada que ver con los colores habituales de las pinturas modernas, que siempre me causan el efecto de ser «falsas», si se puede decir así, un poco como ocurre con las notas de la música occidental actual…

Pienso que, entre tanto, habrá recibido mi respuesta a su carta precedente que, creo recordar, es de aproximadamente hace dos meses. Puesto que acabamos de entrar en el año nuevo, le mando todos mis mejores deseos, con el pesar de que, debido al ritmo de nuestra correspondencia, le llegarán con un considerable retraso. Le deseo en particular que, a pesar de las dificultades que proceden de las propias condiciones de nuestra triste época, consiga encontrar un editor para su libro acabado; veo por otra parte que no pierde el tiempo esperando, ya que siempre encuentra algunas modificaciones y adiciones a hacer, lo cual desde luego no me sorprende. En cuanto al prefacio de Lanza del Vasto, es cierto que, sean cuales sean sus cualidades, no presentan una relación muy directa con el libro; creo que, en el fondo, y después de todo lo que me ha dicho de él, está mucho más preocupado por las realizaciones sociales que por las cuestiones de doctrina; ¿habría tomado a Gandhi por maestro si hubiera sido de otra manera?

Seguramente la inteligencia y la comprensión de los medios literarios no van muy lejos, y lo mismo puede decirse de los medios universitarios; por eso no estoy sorprendido por la prodigiosa necedad que ha señalado en el prefacio de esta traducción del Corán, cuya existencia ignoraba hasta ahora, como también ignoraba el nombre de Octave Pesle; verdaderamente, ¡se puede esperar todo de esta gente! En efecto, es risible, pero también es peligroso, porque el común de los lectores cree con demasiada facilidad en la competencia de esos imbéciles diplomados y acepta ciegamente todas sus falsas ideas. Nunca sabremos todo el mal que los orientalistas han hecho desde este punto de vista, y hasta qué punto han impedido toda verdadera comprensión de las doctrinas tradicionales a muchas personas que hubieran sido capaces de ello si no hubiesen padecido la influencia de sus escritos, en esto no hacen más que, a menudo inconscientemente, desempeñar exactamente el rol que les es asignado en la empresa de falsificación de la mentalidad actual… Aparte de estas consideraciones, hay que decir también que una traducción del Corán, como del resto de Escrituras sagradas, es algo del todo imposible; quiero decir que la mejor traducción que pueda concebirse no podría ofrecer sino el sentido más exterior, lo cual evidentemente es insuficiente, puesto que aquello que se le escapa es, en el fondo, lo más esencial.

Si en el futuro tiene la intención de viajar, hay que esperar que los desplazamientos sean más fáciles y menos complicados que en la actualidad, pero desgraciadamente las cosas no parecen ir por ese camino; las múltiples formalidades administrativas que ahora se exige, serían suficientes para desanimar a los más intrépidos viajeros.

Crea, se lo ruego, estimado señor, en mis más cordiales sentimientos.

*

Louis Cattiaux
París, 17 de febrero de 1949

Estimado señor:

Soy feliz de saber que la pequeña pintura le gusta tal como es y que los colores le resultan agradables. Pinto con la materia de los antiguos, que entendían de ella más que nosotros, a pesar de la pretensión de las pinturas celulósicas modernas y de otras pobres falsificaciones químicas. He escogido «El árbol de vida» con la intención de homenajearle por su gran y magnífica búsqueda de la tradición primera, la cual no puede estar mejor representada, creo. En el centro hay una materia particular que está viva y guarda un estrecho parentesco con la sustancia viva del comienzo. Así, esta pintura es algo vivo que le dará la impresión de presencia real, y no una imagen cualquiera sin alma. En el bello país donde vive, algún geomántico hábil o un vidente devoto podrían decirle algo sobre este ser encerrado en la pintura.

No he podido enviarle el marco a causa del peso y del volumen, y lo deploro, pues esta pintura es mucho mejor enmarcada.

Soy de su mismo parecer en lo que concierne a la desoladora banalidad y a la vulgaridad de las llamadas pinturas modernas en general, así como la inaudible música del mismo estilo. La pretensión de los autores iguala a su nulidad real. Es para literatos y universitarios, es la misma cosa. Es el «Solve» general, pero afortunadamente ya hay en el mundo algunos puntos de «Coagula» depurados que crecen secretamente y que transformarán con la rapidez de una progresión geométrica toda la masa de la pasta en proceso de trabajo.

Gracias por sus excelentes deseos, que se volverán realidad afectuosa gracias a su buen pensamiento. Le envío los míos para la paz del corazón, la salud del cuerpo y la facilidad material con la imagen precisa de su satisfacción en Aquel que ES.

No me hago muchas ilusiones en lo que se refiere a encontrar un posible editor para mi libro, ya que parece que esto no les interesa en absoluto, y es como si les ofreciera editar un libro en chino para vender en Europa. Cuando en realidad es un libro para editar en francés o en inglés y para vender en China.

Efectivamente, Lanza del Vasto es discípulo de Gandhi, pero ha conservado el gusto por los ritos cristianos y prosigue su experiencia de orden en una casa de campo de la *Charente Maritime* con algunos discípulos supervivientes y su mujer, pues se ha casado en la pasada primavera. Nos vemos raramente y nos hablamos muy poco, pero nos queremos, que es lo único que importa, pues todo lo demás es disfraces, oropeles y vanidades sin importancia.

La llave de las Escrituras santas permite, a aquel que la ha encontrado, no ver más oposiciones entre ellas y venerarlas todas por igual.

Con todo, desde el punto de vista revelación pura y audacia, prefiero a Mahoma y a san Pablo, que han ido muy lejos en este dominio. Son instructores locos de audacia, los más claros y realistas entre todos, y no se puede evitar escalofríos ante la llameante claridad de su enseñanza trascendente y subterránea. E incluso traducidos, estos textos son límpidos por su unidad unificante cuando tan sólo se sospecha un poco el misterio de vida que en ellos está descrito.

Tiene razón respecto a los viajes, pues su precio y sobre todo las dificultades sanitarias me impiden esperar realizarlos algún día, o bien hacerlo con papeles falsos y certificados falsos, en respuesta lógica a la moneda falsa y a la medicina falsa que apestan los seres e incluso las cosas del mundo.

Un buen amigo, Théophile Briant, que dirige el periódico *Le Goéland*, donde la poesía se encuentra a menudo asociada al hermetismo serio, actualmente está en Egipto y desearía encontrarse con usted a fin de saludarlo y expresarle la admiración que siente por sus obras y por usted mismo. Espero que lo haya encontrado interesante y repleto de recursos de vida. Es un poeta con talento que sobre todo se ocupa de los demás, lo cual en su caso es muy poco frecuente.

Le envío mi siempre buen pensamiento y la bendición de Poupinet, dios persa de ojos de oro que habita en mi casa.

P. D. Le enviaré el libro cuando esté del todo acabado y puesto a punto, sobre todo los últimos capítulos, que aún he de pulir largamente.

*

René Guénon
El Cairo, 2 de abril de 1949

Estimado señor:

Acabo de recibir su carta del 17 de febrero; ya ve que esto no va más rápido; parece que la dificultad de los viajes, de los que le hablaba la última vez, no existe solamente para los humanos, sino también para todas las cosas.

Es una lástima que no haya podido enviarme el marco junto con la pintura, aunque creo, en efecto, que es algo imposible. Su elección del árbol de vida ha sido realmente excelente, y se lo agradezco una vez más. Lo que me dice de esta sustancia viva del centro es verdaderamente extraño, aunque naturalmente comprendo bien la posibilidad...

Veo con satisfacción que estamos completamente de acuerdo en nuestra apreciación de la pintura y de la música moderna; lo contrario me habría sorprendido. Tiene sobrada razón al decir que todo es así en la actualidad, y pienso que aún no hemos alcanzado el punto más bajo, aunque manifiestamente nos aproximamos a ello con una rapidez creciente. ¡Qué mala suerte tener que vivir en una época como ésta! Y, a propósito de las «falsificaciones químicas», ¡qué decir de la medicina actual, y en términos más generales, de todo lo que se hace para que la gente no pueda tener más que una vida completamente artificial desde todos los puntos de vista!

No tenga prisa para poner a punto su libro; de todas maneras hay que esperar, ya que como usted decía, cuando esté acabado, podrá encontrar un editor, aunque evidentemente sería más fácil si se tratara de la literatura que está de moda, de filosofía existencial o de cualquier otra necedad del mismo género...

En cuanto a las Escrituras sagradas, es muy cierto que se ven contradicciones en ellas en la medida que no se las comprende. Respecto a las traducciones, es cierto que incluso las peores pueden dar algo de su sentido; pero ¿no piensa usted que sólo son utilizables para quienes tienen la información suficiente, y que más bien existe el riesgo de que extravíen a los demás?

No sabía que Lanza del Vasto continuaba con su experiencia, pues había oído decir que los primeros resultados habían sido desalentadores. También me han dicho (aunque no sé si es cierto), que recientemente estuvo con Gurdjieff, pero que inmediatamente se retiró, al no admitir las vejaciones y brutalidades de que todo el mundo es objeto por parte de ese personaje; en todo caso, esto concuerda perfectamente con lo que sé de sus métodos singulares.

Conozco el nombre de Théophile Briant, pero creía que era solamente poeta; desgraciadamente, es poco probable que pueda tener la ocasión de encontrarme con él, pues no tengo ninguna relación con los medios europeos de aquí, que forman un mundo completamente separado de aquel en que yo vivo…

Gracias por sus buenos deseos, estimado señor, y crea, se lo ruego, en mis cordiales sentimientos.

*

Louis Cattiaux
París, 13 de abril de 1949

Estimado señor y amigo:

«No hay azar para los creyentes. Sólo hay azar para los que permanecen voluntariamente extraviados en el lodazal de la caída». Es un nuevo versículo que mi encuentro espiritual con usted me ha inspirado, y que ahora se halla en el libro XV.[7] Los nuevos libros están terminados, pero no corregidos, lo cual requiere casi tanto tiempo como escribirlos.

Decía que no hay azar porque, habiendo admirado siempre el Corán, que llevé en el macuto en la última guerra, ha sido necesario que conozca al único europeo que

---

7. En la edición de 1956 y posteriores se encuentra en el libro XVII, 55.

lo ha penetrado plenamente y que pueda comprender mi admiración. Usted sabe todo lo que me pierdo en la traducción, que me priva del perfume de poesía y de la música del ritmo. A pesar de esto, pruebo la almendra exquisita y preciosa del conocimiento y del amor divinos encerrados en el espíritu del Libro.

Incluso he pensado en aprender árabe a fin de poder leer y escuchar las cadencias poéticas que visten la vía mística del profeta. A menudo lo bendigo en mi oración por haber escrito el Corán y él debe ofrecer a Dios mi alabanza, como todos los grandes Sabios inspirados de Dios que han merecido la admiración y el agradecimiento de los hombres.

Tiene usted una gran ventaja espiritual al vivir separado de la impiedad de los inteligentes de aquí, en medio de un pueblo cuya fe permanece aún casi intacta. Ciertamente, es un pueblo reservado para el fin, pues ha permanecido en la creencia pura y generosa en el Único.

Me siento muy próximo a su fe y admiro sus grandes santos, que fueron todos letrados eminentes pero que no cayeron en el culto de sí mismos, como ridículamente hacen nuestros filósofos actuales. Hay, sobre todo, una cosa que me impresiona: es la ausencia de grosería en los árabes y su magnífico aspecto a pesar de estar cubiertos de harapos. Sólo la fe puede mantener así a todo un pueblo en la dignidad, a pesar de la condición embrutecedora de la piel de bestia con la que hemos sido revestidos a raíz de la caída. Tal vez tenga en mi vida la ocasión de visitar un día la tierra santa y respirar la fe de los creyentes. ¿Quién sabe?

Aquí vivo en medio de la grosería y del embrutecimiento del pueblo más espiritual de la Tierra.

Y es una prueba terrible y dolorosa.

Cada vez me siento más extranjero y aspiro a la soledad y a la hora del Señor. A veces me pregunto cómo he tenido la fuerza de terminar mi libro en este desierto espiritual de Dios y de los hombres. Incluso mi compañera considera mi verdadero trabajo como inútil, y ningún auxilio ni aliento me han ayudado a alejar las tinieblas que suben por todas partes. No puedo expresarle cuáles han sido mis terribles sentimientos durante todo el tiempo de mi trabajo solitario y reprobado; ahora me siento liberado, pues mi obra está terminada y es Dios quien va a actuar a través de ella como mejor le parezca. Solamente sé que toda la mamarrachada existencialista, surrealista y demás hará ya mucho tiempo que habrá retornado al fango, mientras que el libro aún será del todo nuevo y erguido en el mundo.

Pinto para vivir materialmente, pero también para recrearme. La misma indiferencia acoge mis pinturas, a causa del componente hermético y místico que comportan incluso sin yo saberlo.

Me han pedido permiso para fotografiar mi casa para un número especial de la revista *Élites Françaises*, que describe las moradas curiosas de algunas personas de París y de provincias. Este número debe salir el mes de mayo, y así podrá conocer un poco mi intimidad y mi magnífico gato persa azul *Poupinet* de los ojos de oro depurado.

Mándeme las dimensiones de la pequeña pintura, alto y ancho, a fin de que pueda enviarle un marco que la transformará aislándola.

En cuanto a la materia del centro, se trata simplemente de un exudado de roca, recogido sin mezcla química mortal y sin fuego destructor. Así pues, es un mineral muy puro, radiactivo y vivo aún con su vida natural, sin falsificación de ningún tipo. El aire del entorno es regularmente ozonizado y depurado. Creo que esta materia representa muy bien el fruto de vida que tal vez nos será permitido probar un día en su esencia divina, si somos encontrados puros y fieles.

Sí, la caída actual es como una progresión geométrica, pero la luz que germina en sus tinieblas también crece según una progresión idéntica, y la sorpresa será grande para todos los que habrán creído salvarse yendo por el lado de la cantidad, de la basura; la sorpresa y el desespero serán grandes para ellos cuando permanezcan con las manos y el corazón llenos de muerte, de desespero y de abandono, ¡y realmente reirá bien quien entonces ría el último!

La medicina se ha hecho cómplice de Satán y todo el género humano está hoy día amenazado por su vanidosa y ciega creencia en su propia inteligencia, pues han hecho votar la inyección obligatoria del infame B.C.G., propagador de la tuberculosis y propagador de la muerte. Todo está falsificado: el pan, el vino, el agua, el aire, la carne, y esos imbéciles se sorprenden del progreso del cáncer y de grandes enfermedades, mientras se enriquecen con la miseria de los hombres engañados y extraviados como ellos. Si hay un infierno para ellos, será el de la sanies triunfante, ciertamente. ¡Y los sacerdotes que han abandonado a los pobres para fundar bancos! ¿Qué piedad pueden esperar del Dios de Justicia? ¿Aquellos que han traicionado a sus hermanos por dinero? ¿Y que han envenenado los pueblos por orgullo?

No obstante, creo que para nosotros es una gran suerte vivir este momento atroz e irrisorio, pues es una ocasión única para la más gran fidelidad y la fe más grande, es la prueba terrorífica y muy excelente. ¡Ánimo, pues, mi muy querido, ya que el Señor no nos abandonará y brillaremos finalmente con sus estrellas!

El retraso de mis cartas probablemente es debido al apartado de correos. Théophile Briant me había pedido su dirección y no se la he comunicado, ni tampoco su apartado de correos; ha renunciado a ir a verle al saber que usted está voluntariamente separado del mundo occidental.

Lanza del Vasto se casó hace aproximadamente un año, después de haber abandonado su experiencia aquí, y en la actualidad se encuentra en una casa de campo de la Charente Maritime. En algún momento he tenido algunos de sus discípulos abandonados boca arriba, pero los he renviado a su maestro, como debe ser, animándoles a ser libres en todas las cosas salvo en Dios, es decir, no antes de que Dios mismo los haya liberado.

Efectivamente, ha estado con Gurdjieff y sobre todo con el búlgaro Ivanoff, actualmente en prisión. Probablemente Lanza del Vasto buscaba una doctrina; su encuentro con Gandhi parece haber satisfecho y desarrollado su atracción hacia la reforma social a partir del individuo. Parece haber perdido mucho tiempo y mucha energía con pocos resultados. Pero, ¿quién conoce el fin de nuestros esfuerzos?

Le envío el resultado de un pequeño trabajo ejecutado a petición de ciertos amigos angustiados por la amenazas de una nueva guerra. Debo confesarle que he perdido la curiosidad por estas cosas, a pesar de que casi seguro acontecerá. He conocido así el lugar y la fecha del desembarco angloamericano en Francia y en África del Norte, y algunas otras cosas de menor importancia. Simplemente ayudo a mi amiga la señora Maire, que sola no podría franquear el muro de lo invisible, y siendo una vidente natural e inexplotada, no he de magnetizarla ni dormirla, como habitualmente se entiende.

Sólo nos hemos servido de este don 3 veces en 6 años, lo cual es, en suma, denota poca curiosidad por nuestra parte.

Aquí se trata de una cosa importante que tal vez le interesará indirectamente, y me permito señalárselo. Las fechas siempre son dudosas, pero los hechos son más que probables. Aún no he conocido ningún vidente que pueda ver los acontecimientos que interesan a centenares de millones de hombres. De todas maneras, puede verificar las cosas anunciadas y hacerse libremente una opinión. Pocas personas poseen un verdadero don, por eso hay tantos impostores y charlatanes.

Le envío, a usted y a los suyos, mi buen pensamiento activo en Aquel que ES.

P. D.: Le tendré al corriente de la posibilidad de una eventual edición del libro completo y corregido.

*

René Guénon
El Cairo, 8 de junio de 1949

Estimado señor:

Hace sólo ocho días que he recibido su carta del 13 de abril; ya ve que la rapidez en las comunicaciones no mejora, y no creo que sea debido al apartado de correos.

Le agradezco su amable ofrecimiento de enviarme un marco para su pintura, pero cuanto más pienso en ello, más imposible me parece que llegue íntegro, de manera que sin duda será mejor que encuentre aquí el medio de lograrlo. En cuanto a la materia del centro, me habla de un «exudado de roca»; esto me recuerda algo de lo que oí hablar hace tiempo, que ciertos hermetistas llaman «mantequilla de montaña», a lo que dan mucha importancia; me pregunto si no se trata de la misma sustancia...

Nunca había oído hablar de la revista *Élites Françaises* (este plural me hace siempre el efecto de un enojoso contrasentido); si tiene la posibilidad de enviarme este número especial, será una gran satisfacción poder conocer su casa... y su gato; pero y usted, ¿no figura en las fotografías?

Dice usted que el azar no existe; no sólo estoy completamente de acuerdo, sino que me parece del todo evidente; en el fondo, el azar es una pseudoidea inventada por los occidentales para no confesar que hay cosas cuyas causas se les escapan, o que se resisten a someterse a su manía de las explicaciones racionales.

Le felicito por su admiración hacia el Corán, lo cual prueba que, a pesar de la imperfección de las traducciones, usted percibe su significación real; sin embargo es una pena que no haya persistido en aprender el árabe, lo cual seguramente le habría permitido encontrar en él mucho más aún.

Comprendo muy bien lo mucho que deplora vivir en el mundo europeo actual; yo me considero feliz de haber podido salir antes de que haya caído a este nivel, pues todo lo que me llega me muestra hasta qué punto las cosas se han agravado en los últimos veinte años, aunque en aquella época no era ciertamente maravilloso. La grosería de la que me habla no me sorprende; y así es con todo lo demás; cuando las personas han perdido la tradición, no pueden hacer más que rebajarse casa vez más desde todos los puntos de vista, hasta que ello desemboque en una catástrofe, si no pueden enderezarse a tiempo para evitarlo.

Sí, como dice usted, hoy día todo está falsificado, se quiere obligar a las personas a vivir artificialmente para convertirlos más fácilmente en especies de máquinas, y seguramente la medicina juega un gran papel en la realización de este plan diabólico. Lamento no tener el tiempo y la facilidad para examinar más de cerca esa medicina para poder denunciar sus daños con todas las precisiones requeridas; sería de desear que hubiera alguien que pudiera y osara emprender esta labor.

Estoy contento de que su amigo Théophile Briant haya comprendido las razones por las cuales no recibo visitas de occidentales; hay gente que no puede o no quiere comprenderlo, y se ofende porque imagina, erróneamente, que es algo personal, cuando simplemente es una medida de orden general destinada a asegurar mi tranquilidad; y no hablo de quienes, para poder explicar mentiras, pretenden haberse reunido conmigo, aun cuando no los he visto en mi vida...

No sabía que Lanza del Vasto había estado con Ivanoff, personaje del todo siniestro que ha cometido numerosas estafas; parece incluso que, a pesar de lo que le ha sucedido, hay quienes no están decepcionados y se proponen obtener su rehabilitación. Gurdjieff es de otra manera, pero no menos inquietante; ejerce sobre sus discípulos una verdadera fascinación que, seguramente, es la prueba de una fuerza psíquica poco común, pero que espiritualmente es de un signo muy desfavorable; por lo demás, todos los pretendidos «Maestros» que no se basan en alguna forma tradicional determinada, por eso mismo deben ser evitados pura y simplemente.

Gracias por el informe de la experiencia de videncia que adjunta a su carta; es deseable que se verifique, ya que en suma, con todos los rumores que corren sobre una próxima guerra, es más bien tranquilizador. Respecto a lo que dice de las condiciones en las que ha hecho su trabajo, así como las predicciones anteriores, que ya se han cumplido, parece indicar que hay en ello algo realmente serio. Contrariamente, debemos siempre desconfiar de los «profesionales» por más de una razón aun cuando no se trate de charlatanes, y en particular porque todos están más o menos en contacto con los medios espiritistas y ocultistas, y las ideas que de ellos reciben deforman inevitablemente lo que sus facultades naturales les permiten percibir: así, cuando una vidente se pone a explicar historias de reencarnaciones, no es necesario llevar las cosas más allá para saber a qué atenerse. Por otra parte, tiene usted razón acerca de las reservas que deben tenerse respecto a las fechas, pues parece que ésta es una de las cosas más difíciles de determinar con exactitud; por otro lado, es fácil comprender que existan estados en los que la noción de tiempo terrestre ha desaparecido más o menos completamente.

Crea, se lo ruego, estimado señor, en mis más cordiales sentimientos.

*

Louis Cattiaux
París, 5 de julio de 1949

Estimado señor y amigo:

También yo [he recibido] su carta con algún retraso, aunque insignificante en relación con las mías. Espero que esto le llegue más rápidamente, gracias a la amable diligencia del servicio de censura egipcia, que con certeza no debe ser ajeno a estas retenciones excesivas. El anuncio de la próxima revolución rusa debe haberles interesado particularmente y tal vez sea ésta la razón por la que no recibe mi carta del 13 de abril hasta el primero de junio.

Le envío el número de la revista que ha publicado las fotografías de mi morada parisina, que así podrá conocer un poco. Mi mujer, mi gato y yo estamos poco visibles en la puerta de la tienda transformada.

Aquí los negocios de los artistas se han vuelto tan malos que la mayoría de nosotros vamos a desaparecer rápidamente, me refiero a los que no están afiliados a ningún grupo que les sostenga, como el de los judíos, comunistas, francmasones, pederastas o sulpicianos. Evidentemente, lo mejor sería pertenecer a todos ellos al mismo tiempo, y conozco algunos que lo han conseguido, o casi. Por mi parte, al tener la suerte de estudiar, por placer, la medicina de las plantas, he preparado un medicamento inofensivo pero muy activo, de modo que he podido cambiar de montura y montar el caballo de la medicina. El único riesgo es tener demasiados clientes y ganar demasiado, lo cual alerta a los médicos, que emprenden un proceso cuyo resultado es decuplicar la clientela y triplicar el precio del condenado, lo cual le vuelve célebre y como un reo sometido a trabajos forzados. No estoy para esta labor; mi ambición es llegar a ganar mil francos por día, lo cual hasta hoy aún no he conseguido con mi pintura, ni mucho menos.

Le envío, por carta certificada, las pruebas de una obra sobre la pintura, cuyo texto no es tan serio como hubiera deseado, pero imagino que puede interesar a ciertas personas. Si no lo encuentra demasiado indigno, a pesar de sus «fantasías», sería para mí un honor publicarlo con una introducción suya de veinticinco páginas o más, donde podría expresar su parecer sobre la pintura en relación con la tradición, de la que es usted un conocedor, por decirlo así, único.

Este libro aparecerá después del verano en una colección bella y seria, creada por unos jóvenes editores amigos míos.[8]

Acabo de sufrir una vez más la pretenciosa grosería de los llamados críticos de arte, que rechazan sistemáticamente cualquier obra simbólica o mística como si fuera ajena al arte.

Ocurre que ciertos cristianos, que en la actualidad son mayoría, no ven y no quieren ver en el Cristo más que la historia del martirio y no el misterio del dios cósmico. El estudio de la pasión osiriana podría abrirles los ojos, pero

---

8. Estos textos fueron la base de su futura obra *Physique et Métaphysique de la peinture*, de la que en 1954 fueron publicados algunos fragmentos en la revista *Les Cahiers trimestrels Inconnues* (vol. 9), junto con un artículo de Emmanuel d'Hooghvorst titulado «El Mensaje profético de Louis Cattiaux», dedicado a *El Mensaje Reencontrado*. La obra completa fue publicada en 1991 por ASBL Les Amis de Louis Cattiaux (Bélgica). La primera edición española (*Física y metafísica de la pintura. Obra poética*) fue publicada en 1998 por Arola editors (Tarragona), y reimpresa en 2012.

tienen un horror irracional a la luz y prefieren el sectarismo ciego. Afortunadamente, he contactado con algunos buscadores menos pusilánimes, pero son como piedras preciosas extraviadas en las montañas de escorias y hay que buscarlos durante mucho tiempo.

Tiene usted razón en lo que concierne a las tradiciones que conservan el orden de las sociedades, y es del todo evidente, pero también muy ignorado, que la pérdida de esas tradiciones engendra la putrefacción actual. Esto recuerda a las sociedades prediluvianas del tiempo de Noé, que iban orgullosamente y estúpidamente a la muerte a fuerza de creer en su propia malicia.

Lanza del Vasto parece tener el éxito en el campo que no ha podido tener en la ciudad y es muy interesante seguir su evolución. Me he propuesto pasar algunos días en su comunidad, a la que me ha invitado. Le daré mi impresión.

Tiene usted también razón en lo que concierne a los medios espiritistas y ocultistas, que son desalentadoramente primarios y de una ingenuidad que se cree muy docta.

Mi obra *El Mensaje Reencontrado* se halla en la actualidad en las manos del R. P. Bruno, un carmelita que la estudia por encargo de la honorable editora Desclée de Brouwer. Es él quien ha preparado la obra titulada *Satán*, que esta editora ha publicado recientemente. Hay ahora 4 nuevos capítulos importantes, que acaban el ciclo de los otros 12.

A propósito de la introducción que le pido, evidentemente es usted libre como el aire, y puede, si lo desea, consagrarla únicamente a su tema, sin hablar del libro ni de mí.

Le envío mi siempre buen pensamiento y mi buena palabra.

*

René Guénon
El Cairo, 7 de octubre de 1949

Muy estimado señor:

Hace ya mucho tiempo que recibí su carta del 5 de julio, que sin embargo ha estado menos tiempo en camino que la precedente; pero (y espero que esto sea una excusa por haber tardado tanto en responderle), estaba esperando lo que me había anunciado, y hasta ahora no ha llegado nada. A menudo hay todavía cosas que se pierden, sobre todo los impresos que no van certificados (aunque desde luego no se han perdido para todo el mundo); también es verdad que a veces acaban apareciendo cuando ya no se les esperaba. Sea como fuere, lamento no tener la revista, pues me priva del placer de ver las fotografías de su casa y de usted. Tampoco he recibido las pruebas de su obra sobre la pintura; como me dijo que irían certificadas, aún es más extraordinario, y me pregunto lo que ha podido suceder, a no ser que no hubiera hecho el envío cuando me lo anunció, pues podría ser que la imprenta le hizo esperar más de lo que pensaba, lo cual suele ocurrir.

A propósito de esto, debo decirle francamente que no veo posible escribir una introducción para esta obra, como usted me había pedido, no solamente por la falta de tiempo, lo cual debe ser tomado en consideración, sino también porque cada vez me resulta más difícil preparar incluso los artículos habituales en el tiempo debido (mi correspondencia toma cada vez proporciones más enormes), pero además, y sobre todo, porque no soy especialmente competente en este tema. El interés que me suscita no es desgraciadamente suficiente para ser competente; como mucho podría escribir 3 o 4 páginas hablando de generalidades, pero escribir 20 o 25 páginas es algo que ni siquiera puedo concebir cómo llevarlo a cabo. Espero que lo comprenda fácilmente, y le agradezco mucho haber tenido esta idea, pues muestra que me atribuye más posibilidades de las que realmente tengo.

En cuanto a *El Mensaje Reencontrado*, deseo vivamente que tenga éxito con Desclée, lo cual seguramente estaría muy bien; lo único que me inspira cierto temor es que esta editora tal vez está demasiado especializada en temas propiamente religiosos.

Si gustase a Stanislas Fumet (espero que aún siga en la empresa), sería una verdadera suerte para usted; tiene una cierta inclinación hacia el esoterismo, pero la verdad es que es tan extraño que no es posible prever qué efecto produciría en él.

Huelga decirle que no me sorprende en absoluto que los asuntos de los artistas, más incluso que los de todos los demás, vayan mal en las circunstancias actuales; lo extraño sería lo contrario. Esperemos que su medicamento le dé el medio de compensarlo, sobre todo si no teme demasiado, para su tranquilidad, las dificultades que casi seguro le pondrán los médicos. Esta gente ha llegado, de alguna manera, a apoderarse del mundo entero, y pronto no tendremos derecho a vivir sin su permiso.

En cuanto a las críticos de arte, sea religioso u otro, no creo, desgraciadamente, que haya gran cosa a hacer para acabar con la incomprensión que manifiestan, salvo raras excepciones.

También es muy cierto que la mayoría de los cristianos actuales limitan su horizonte al punto de vista de lo que se designa con el nombre bárbaro de «historicismo»; en cuanto a la doctrina, es evidente que no les interesa en absoluto. A menudo he observado que, cuando algunos hablan de la trascendencia del cristianismo, lo que entienden por ello es justamente la negación de toda verdadera trascendencia, esto es, de toda significación profunda; me pregunto qué puede haber de trascendente en las banalidades morales y sociales en las que únicamente se complacen. La verdad es que el espíritu moderno se infiltra casa vez más en todas partes, incluso en aquello que debería serle radicalmente opuesto; un aspecto verdaderamente espantoso es esa reorganización de las Órdenes religiosas, de la que se habla en la actualidad y que, de hecho, equivale simplemente a la desaparición de las Órdenes contemplativas como tales; cuando se ven cosas como ésta, uno ya no puede sorprenderse de nada.

Crea, se lo ruego, estimado señor, en mis más cordiales sentimientos.

*

Louis Cattiaux
París, 27 de setiembre de 1949

Estimado señor y amigo:

Estoy de vuelta de unas vacaciones improvisadas en Bélgica, gracias a la invitación de unos admiradores de *El Mensaje Reencontrado*, donde he visto sus obras puestas en un lugar de honor, es decir, el más accesible y frecuentado. He sido recibido por estos nobles buscadores de una manera delicada y fraternal, y el interés que muestran por las cosas creadas y por el creador contrasta extrañamente con la indiferencia e incluso el desprecio y la hostilidad de los inteligentes de aquí. Todas sus preocupaciones, inquietudes y pasiones de franceses astutos «a quienes no se la dan», van hacia las obras pornográficas o a las obras de dementes que, por el momento, están muy cotizados en París.

Usted ya lo ve desde donde vive, pero no como yo, que tengo los pies en la porquería.

¿Ha recibido las pruebas de la pequeña obra para la que le pedía una introducción, donde podría desarrollar su pensamiento sobre la decadencia del arte moderno, que cada vez se aleja más de la tradición primordial, como las demás actividades de los hombres? Por supuesto que si el tiempo no se lo permite, o bien un motivo personal, me parecerá natural, pero si acepta hacer la presentación, me sentiré honrado y encantado.

Espero que esté bien y que se mantenga en paz, sin contacto con la desoladora licuefacción presente del mundo occidental.

Le envío mi siempre buen pensamiento.

*

René Guénon
El Cairo, 21 de octubre de 1949

Muy estimado señor:

Acabo de recibir su carta del 27 de setiembre, que se ha cruzado con mi respuesta a la precedente, enviada con algo de retraso. Desgraciadamente, no puedo más que confirmarle que, como ya le dije, aún no he recibido nada del envío que me anunciaba. En cuanto a su propuesta para que escriba una introducción para su obra sobre la pintura, ya le he explicado las razones: falta de tiempo y también de competencia, lo cual no me permite emprender este trabajo. Cuanto más pienso en ello, menos veo cómo podría llevarlo a cabo.

Estoy un poco sorprendido, agradablemente sorprendido, acerca de lo que me dice de su reciente viaje a Bélgica, pues por lo que sabía hasta ahora, me daba la impresión de que en ese país no había muchas personas que se interesaran realmente por el esoterismo; hay muchos teósofos y ocultistas de todo género, pero, evidentemente, esto es otra cosa, por no decir incluso lo contrario… No obstante, hay también (y me pregunto si esto no tendrá alguna relación con lo que me dice) el grupo de los *Cahiers du Symbolisme Chrétien*, animado por excelentes intenciones y al que solamente le falta un poco de prudencia y de discernimiento; esperemos que esto llegue cuando haya adquirido un poco más de experiencia.

Lo que me dice sobre el tipo de obras que tienen éxito en París no me sorprende en absoluto; tengo la impresión de que es una especie de locura que crece cada vez más. Me felicito de estar muy lejos de todo eso; naturalmente, por lo que me escribe y por las publicaciones que me llegan, tengo información suficiente para darme bastante cuenta de lo que sucede; pero por lo menos, tengo la suerte de podérmelas arreglar para no tener ningún contacto directo con el mundo occidental.

Crea siempre, se lo ruego, en mis más cordiales sentimientos.

Louis Cattiaux
París, 24 de octubre de 1949

Estimado señor y amigo:

Me alegro de saber que es un error inexplicable lo que ha provocado la devolución del manuscrito y de la revista. Le vuelvo a enviar la revista y un ejemplar de *El Mensaje Reencontrado* en buen papel, corregido y completado, a la misma dirección, y le pido que advierta a la oficina del apartado de correos a fin de que el paquete no me sea devuelto nuevamente sin explicación. Comprendo bien su embarazo ante el problema pictórico moderno, pues es necesario estar aquí para valorar toda la catástrofe técnica y espiritual de la pintura actual, que marca, como la literatura negra del momento, la descomposición ineluctable de nuestras civilizaciones occidentales.

He renunciado, pues, a pedirle una introducción sobre este tema tan específico, y prefiero reservar su talento y buena voluntad para una introducción de *El Mensaje Reencontrado*, sobre el que tengo buenas noticias que darle. Acabo de recibir una oferta de traducción por parte de un joven profesor, alumno del doctor Piper de la Universidad de Siracusa, en Nueva York, y de edición en América, lo cual sería una gran suerte para la obra. Hay allí, a pesar del materialismo exacerbado, un público que se interesa por los filósofos y los profetas. El ejemplo de Krishnamurti es convincente; existe en efecto una sociedad de amigos de Krishnamurti en Inglaterra y otra en América, y millones de lectores, mientras que en Francia es desconocido. El caldo cartesiano nos ha envenenado aún por mucho tiempo y asistimos, con las nuevas filosofías del desespero, al resultado lógico de la ignorancia y de la negación del secreto divino.

Estoy aterrado de ver a los franceses creerse el pueblo más espiritual del mundo, sin que perciban que confunden el escepticismo con la inteligencia y la burla con el saber. Temo que esta ilusión no termine en tragedia y de manera grotesca, cuando los pueblos más profundos hayan reanudado los lazos con la tradición oculta de sus religiones y de sus sociedades iniciáticas.

He pensado que sus obras, tan sistemáticamente silenciadas aquí, tendrían una repercusión muy grande si fueran traducidas y editadas en los países anglosajones y en América. ¿Me permite preguntarle al doctor Piper lo que opina al respecto?

Pienso enviarle un esquema recapitulativo de la filosofía de *El Mensaje Reencontrado* a fin de facilitarle la realización de la introducción, si es que no le disgusta en absoluto este trabajo, a añadir a sus múltiples ocupaciones.

Los editores Desclée y Stanislas Fumet solamente se interesan por las obras patrocinadas y debidamente aceptadas por el Santo Oficio, y cuidadosamente emasculadas de todo pensamiento original. Uno y otro tienen dueños que les hacen vivir, a los cuales, en consecuencia, deben obedecer, y es normal, me parece del todo natural y es algo muy extendido.

Nuestra posición de artistas independientes cada vez es más crítica en el caos actual, y debo pintar vistas de Montmartre, que firmo con otro nombre, para poder sobrevivir mínimamente, y aun de forma incierta. He debido subarrendar mi pequeño taller como vivienda (clandestinamente) para asegurar mi propia casa de la calle Casimir Périer, y el invierno se anuncia duro para los insumisos como yo que no están adscritos a ningún partido político, a ninguna sociedad religiosa, secta secreta o fraternidad, incluida las de conductas anormales, ni a ninguna asociación de oficio (ya no hay ninguna válida para nosotros). No obstante, no estoy inquieto, y esto me perece extraño en mi caso, pues incluso mi mujer comparte conmigo esta tranquilidad aparentemente idiota.

Se diría que presiento algo así como una salvación que ya está en marcha, y que aún no puede verse, pero que se aproxima y estará aquí en el momento oportuno.

Los médicos me dejarán en paz mientras el número de mis clientes no atente contra su bolsillo y mientras un enfermo no muera en mis brazos. Defienden sus intereses financieros, por lo demás, hace bastante tiempo que se burlan locamente, pues como las demás instituciones constituidas, han perdido las tradiciones de su arte y de sus ordenanzas.

Tiene usted razón en lo que concierne a los cristianos actuales, que no ven en su religión más que al aspecto histórico, el social y el de la moral, ignorando el místico y rechazando el iniciático, el cosmogónico y, por encima de todo, el adeptado; y hablo de los más esclarecidos, pues ni siquiera me atrevo a nombrar a la turba supersticiosa y siniestra que gravita alrededor de los templos muertos.

¿Cómo es en el islamismo? ¿Resiste a la marea científica y escéptica de Occidente? Pienso con horror en los «jóvenes» turcos y en los llamados movimientos progresistas de Oriente, y también en los inocentes que se pasean con ligas para calcetines y un abrigo antiguo y noble, sin conocer lo que es bello y lo que es feo.

Aún no sé nada de esa «reorganización» de las órdenes religiosas que señala usted con desespero, y lo comprendo, pues ello aboca, si lo he comprendido bien, a la supresión de los pararrayos de las órdenes contemplativas. Es lógico, pues después de haber negado y rechazado la ciencia de Dios expulsando a los gnósticos, es normal que también rechacen el amor de Dios suprimiendo a los místicos. Es el triunfo de los *epíscopos* sobre los iluminados y los iniciados, pero es un triunfo como el de la yedra sobre el árbol que la nutre y la sostiene. Cuando éste muere, al parásito no le queda mucho tiempo.

Comprendo el gran trabajo que tiene con su correspondencia, y admiro su paciencia para conmigo, que no le aporta nada y que tanto le pide.

Le envío mi siempre buen pensamiento y mi deseo de paz en Aquel que ES.

*

René Guénon
El Cairo, 30 de noviembre de 1949

Muy estimado señor:

Hace algunos días, recibí su carta del 24 de octubre y me acaba de llegar la del 3 de noviembre. Estoy del todo estupefacto de saber que lo que me había enviado le ha sido devuelto; es evidente que se trata de un error de correos, lo cual me es del todo inexplicable; ¡es la primera vez que ocurre algo así! Esperemos que esta vez no suceda lo mismo, ya que piensa enviármelo de nuevo. Sólo que, como puede pasar cierto tiempo antes de que lo reciba (los impresos aún tardan más tiempo que las cartas), prefiero escribirle sin más espera, no sea que aún lo haga con más retraso.

Me alegra de que haya comprendido las razones por las que me es imposible hacer una introducción sobre la pintura; seguro que me será más fácil hacerlo para *El Mensaje Reencontrado*, aunque no puedo prometerle hacer algo muy extenso; no sé cómo sucede que, aun perdiendo el mínimo de tiempo, no consigo llegar a todo lo que querría. El ofrecimiento de traducción que ha recibido de América es realmente una buena noticia, y espero que pronto se lleve a cabo; pero ¿quién es el Doctor Piper? Lo que me dice de la influencia persistente del racionalismo cartesiano en Francia es del todo cierto; pero permítame decirle que estoy extrañado por el valor que parece atribuir a Krishnamurti. Debo reconocerle que me resultó simpático en cierto momento, cuando tuvo el valor de desembarazarse de los dirigentes teósofos y sus objetivos «mesiánicos», pero eso es todo, lo cual, evidentemente, no prueba nada desde otro punto de vista. Sus enseñanzas son del todo vagas e inconsistentes, sin ninguna base doctrinal sólida y donde cada cual puede encontrar lo que quiera (en ciertos aspectos, esto siempre me ha hecho pensar en la filosofía de Bergson); en cuanto a su actitud, netamente antitradicional, de oposición a todo tipo de rituales, es la peor señal que pueda darse en alguien que pretende jugar un rol de «guía espiritual».

Respecto a mis libros, ya hay 4 que han aparecido en Inglaterra y varios otros están actualmente en preparación; también hay proyectos para publicar algunos en América, en particular *La crisis del mundo moderno* y *El reino de la cantidad.* Hasta ahora, es en Italia donde más se han traducido mis libros, y todo lo que aún no ha aparecido estará pronto en poco tiempo. En Suiza, se ocupan con seriedad de las traducciones alemanas, que pronto van a ser publicadas. La situación actual ha causado muchas dificultades a este proyecto, pero por fin se ha encontrado la manera de resolverlas. En Argentina ha aparecido una traducción al español de la *Introducción general al estudio de las doctrinas hindúes*, publicada durante la guerra, y el año pasado, en Brasil, una traducción portuguesa de *La crisis del mundo moderno.* Por otra parte, hay ahora un proyecto de traducir al hindi la *Introducción general* y *El hombre y su devenir según el Vedanta*; vea pues que, sobre este tema, no me puedo quejar.

El grupo de *Symbolisme Crhétien* está ciertamente animado por las mejores intenciones, y sólo le falta tener las ideas bien establecidas, de manera que no acoja cosas muy desiguales, pero tal vez esto se remediará con un poco más de experiencia. Por otra parte, tiene dificultades financieras, por cuya razón la revista aparece de forma muy irregular. Desgraciadamente, no es de extrañar, pues quienes se interesan por estos temas no sólo son pocos, sino que, como dice usted, están muy dispersos y es difícil contactar con ellos.

Desgraciadamente, la influencia occidental y moderna (en el fondo es lo mismo), gana terreno en todos partes, y es de temer que su intrusión llegue incluso al Tíbet; es una señal de que el final del ciclo no está lejos... Con todo, en los países orientales esta influencia sólo afecta aún a una minoría, pero, naturalmente, ésta es la única que se conoce en Occidente, lo cual, en gran medida, falsea la perspectiva.

Sí, en nuestra época, en la que todo está industrializado y comercializado, los médicos ya no piensan más que en sus propios intereses, y lo mismo ocurre con los fabricantes de medicamentos que están de moda; pero hay también, en el lanzamiento de ciertos productos, algo «inferior», de lo cual son generalmente inconscientes quienes los recomiendan, lo que es aún menos tranquilizador.

Es muy de desear que no se vea obligado usted a abandonar su casa, pues una mudanza es siempre muy desagradable; además, se dice que hoy día es muy difícil encontrar algo, sobre todo en París. Esas destrucciones ocurridas en los lugares de donde ha tenido que salir son realmente extrañas; nos podemos preguntar lo que, en realidad, es aquí causa y efecto; ¿podría ser que se hubiese visto obligado a irse porque el lugar debía ser destruido, lo cual indicaría que ha sido usted objeto de una protección muy especial? Evidentemente, esto no excusa la injusticia de los instrumentos humanos en este caso, que han servido a tal efecto sin saberlo y a pesar de ellos.

Crea, se lo ruego, en mis más cordiales sentimientos.

*

Louis Cattiaux
París, 3 de noviembre de 1949

Estimado señor y amigo:

Me excuso por causarle tantos problemas debido a una cosa tan nimia, así como de robarle un tiempo precioso debido a los errores de correos, pero debemos convenir en que la mano de la Providencia no es ajena al caso, ya que tampoco el tema pictórico concuerda con sus estudios ordinarios.

Le envío un ejemplar de la revista en la que se encuentra la fotografía de mi vivienda, esperando que correos quiera hacérsela llegar, y si una introducción para *El Mensaje Reencontrado* (que probablemente será publicado en América) no le desanima, le enviaré un ejemplar corregido y completo.

En todos los países existen buscadores serios, pero están ocultos como pepitas de oro en el cuarzo, y es necesario una gran suerte para descubrirlos, una gran suerte que, ciertamente, no es más que una gran imantación recíproca.

No conozco ese grupo de los *Cahiers du Symbolisme Chrétien* que me indica, y cuyo título parece todo un programa para el despertar, si es «probado» y verdaderamente «trabajado» como debe ser.

Debido a nuevas circunstancias, tal vez me veré obligado a abandonar mi asilo de paz, y aún pienso que la mano de la Providencia me proteja aquí, como me ha protegido siempre. De todos los lugares de donde he debido irme por causa de la injusticia de los hombres, el lugar ha sido destruido y arrasado, es algo muy curioso que no me hace reír en absoluto, e incluso, durante esta última guerra, era suficiente con que abandonara un lugar, para que de inmediato cayeran en él las bombas, como también era suficiente con que llegara a otro lugar para que cesaran allí los bombardeos. Pasaba por las ruinas humeantes sin jamás encontrarme en medio de los combates, y era como un sonámbulo inconsciente que lo contemplaba todo con curiosidad, sin comprender el porqué de los trastornos operados en su ausencia.

Si he de abandonar mi vivienda, dejaré también París sacudiendo el polvo de mis zapatos, denunciando públicamente a quienes me hayan expulsado y advirtiendo del resultado habitual.

Le deseo un invierno dulce en el bello país donde está y la paz tan difícil de encontrar aquí abajo.

P. D.: *Poupinet*, mi magnífico gato persa, acaba de acostarse cómodamente y medita sobre sus misivas.

*

René Guénon
El Cairo, 13 de diciembre de 1949

Muy estimado señor:

Ayer recibí la revista que contiene las imágenes de su vivienda, y le doy nuevamente las gracias, así como la amable dedicatoria que la acompaña; esta vez correos no se ha vuelto a equivocar. Me place ver esta instalación, que es testimonio de una ingeniosidad que admiro y por la cual le felicito; no le hablo del gusto, pues es la cosa más natural en un artista (o por lo menos debería serlo, aunque debemos reconocer que los artistas actuales no siempre dan prueba de ello). Aunque es una pena que en estas fotografías los personajes salgan demasiado pequeños como para que se pueda distinguir claramente sus rasgos. Pienso que, como me dice en su última carta, si es obligado a abandonar su casa, lo cual dice que teme, sentirá nostalgia. No veo en ella más que un posible defecto, debido a su destino original: estar probablemente demasiado expuesta a las miradas del público; esto sería un defecto para mí, aunque no a todo el mundo le puede molestar.

Crea, se lo ruego, en mis más cordiales sentimientos.

*

Louis Cattiaux
París, 11 de diciembre de 1949

Estimado señor Guénon:

Espero que haya recibido la revista que le envié sin certificar, suponiendo que así le llegaría más fácilmente. Le mandaré, por carta certificada, un ejemplar de mi obra, ejemplar completo que, espero, le llegará sin contratiempos. Trataré de obtener una copia de los cuatro nuevos capítulos a fin de enviárselos también, para que así tenga un conocimiento completo de la obra.

También quiero presentarla a la editorial Flammarion y a otros editores franceses, que son muy capaces de interesarse por ella, ahora que la edición americana parece asegurada.

Estoy realmente turbado por robarle un tiempo precioso, y aún estoy más turbado de que acepte tan fraternalmente hacerlo por un desconocido. Así, su generosa aceptación de hacer una introducción para mi trabajo es para mí una suerte y un don inesperado. No estoy habituado a encontrar ayudas por parte de mis colegas pintores o escritores establecidos aquí, y su ayuda amigable es una verdadera sorpresa y también una alegría y un consuelo muy grande, en la soledad en la que me encuentro desde hace tanto tiempo.

En cuanto a la introducción, haga como quiera, que siempre me parecerá bien, pues le considero el único «filósofo creyente» capaz de presentar mi trabajo al público con conocimiento de causa.

Estoy, pues, a su disposición para darle toda la información que quiera pedirme, y si algo de mi texto le desagrada, no dude en decírmelo, pues un error siempre puede deslizarse entre la voz interior y la mano ciega que la transmite, y su conocimiento único de la tradición primordial y de las tradiciones particulares salidas de la única, le permite hablar allí donde los otros deben callar.

Le pido que informe a la oficina de correos que debe entregarle los envíos certificados sin retornármelos prematuramente.

¿Cómo agradecerle su ayuda fraternal? Espero hacerle honor, lo cual es la mejor gratitud.

El Doctor Piper es un profesor de filosofía de la Universidad de Siracusa (Siracusa 10, Nueva York), que prepara una importante obra sobre los pintores «cosmogónicos», como dice él. Se ha llevado 5 o 6 pinturas de mi producción antigua para reproducirlas en su obra, y es quien ha encontrado un traductor en la persona de Mr. William A. Watkins, que es uno de sus alumnos, licenciado en lengua francesa. Creo que ha sido también él quien ha encontrado un editor en Nueva York.

En lo que concierne a Krishnamurti, admiro la ayuda que ha recibido en América por una dialéctica bastante vacía y una ideología muy embrollada. Es el caso más conocido actualmente y el que seduce a más gente; es el tipo de inteligente discursivo que lo explica todo y que no da nada. Estamos hartos de intelectuales retorcidos como el alambre a fuerza de sutilidad; y su supuesta razón aboca a un desorden aún mayor que el delirio de los falsos profetas, a los que se asemejan. Así, es su éxito lo que me sorprende, y más en la medida que es el vacío desde el punto de vista del conocimiento metafísico y tradicional; y como muy bien dice usted, la marca de su ignorancia reside en la incomprensión de los ritos y de los símbolos antiguos, que no están ahí por azar o por pura fantasía, como muchos intelectuales abortados parecen creerlo.

Me alegra saber que proyecta editar en América dos de sus obras más importantes, *La crisis del mundo moderno* y *El reino de la cantidad*, que se dirigen particularmente a la civilización americana «acelerada». Espero que reciban allí el homenaje oficial de los hombres de letras, que aquí son tan reticentes y pusilánimes.

Hay que reconocer que el problema les supera demasiado y su silencio no es de resentimiento, sino más bien de impotencia. He experimentado esto con mi pintura y ahora con mi libro, y he reconocido con un asombro sin límites la ignorancia verdaderamente fantástica de todos esos pretendidos letrados en lo que concierne a los escritos esenciales de la humanidad, quiero decir los que contienen el misterio de la constitución del hombre y del Universo, del origen, del medio y del fin. Balzac, Vigny, de Nerval, Poë y algunos otros son excepciones rarísimas en medio de todos los chupatintas importantes como pavos reales y ciertamente más ignorantes que las ocas, cuyas plumas sirvieron durante mucho tiempo para transcribir sus vanidosas y miserables explicaciones de lo inanalizable dentro.

Está muy bien que le traduzcan al alemán, pues es un pueblo filosófico que debe interesarse por las vías originales y profundas de sus obras de denuncia del delirio moderno, tan vacío y vanidoso que entenebrece al hombre cada vez más.

Tengo mucha curiosidad por conocer la reacción de sus lectores hindúes, y pienso que aquí puede haber materia para muchas sorpresas agradables.

Estoy impresionado de que también usted crea, como yo, que el final del presente ciclo está próximo. Por mi parte, creo que este final se realiza según una progresión geométrica, como la aceleración de los cuerpos que se reúnen con su centro primordial, y que las últimas horas serán tan importantes como los milenios antiguos. Es lo que hace que todas las previsiones científicas, industriales y demás, en el momento de ser anunciadas ya han sido superadas por otro nuevo descubrimiento que las vuelve caducas. Es también lo que da a la fe y a la moral de los pueblos ese carácter desesperado e impermanente que derrumba todas las reglas antiguas, establecidas mediante una lenta maduración, mientras que ahora se trata de una cocción forzada en los hornos de los sopladores luciferinos.

Espero poder permanecer aquí el tiempo suficiente para terminar lo que he comenzado, y de todas maneras, si debo partir, es que hay una razón oculta, lo cual ya me ha ocurrido, como se lo he dicho. ¿Le he contado el inicio de esta aventura? No lo creo; hela aquí: el día de la movilización general estaba desesperado, pensando que probablemente iba a una muerte imbécil antes de haber completado mi búsqueda aquí abajo y que tendría que recomenzar todo de nuevo; y pensaba también en los peligros, en los dolores, lo cual afortunadamente superé con la ayuda de Dios, dando vueltas en mi habitación principal como un león enjaulado, calculando las posibilidades de salvarme, cuando de forma mecánica abrí mi Biblia que se encontraba sobre la mesa, y leí donde se abrió al azar: «Que mil caigan a tu lado y diez mil a tu derecha, tú no serás alcanzado. Solamente con tus ojos mirarás», etc. Dejé el libro sin ni siquiera darme cuenta de la enormidad de la respuesta, y di aún varias vueltas a la habitación, como alelado, después de lo cual me desperté, por así decirlo, llamé a mi mujer y le mostré la cosa para tener la prueba de que no soñaba despierto, y que la respuesta inaudita estaba allí, ante mis ojos.

Transcribí este versículo de los Salmos en la primera página del Corán editado por Garnier, que desde entonces leo, lo puse en mi macuto y partí hacia mi destino sin volver la cabeza, tranquilizado y lleno de fe en mi estrella, con lo cual no intenté evitar ser designado para formar parte de un batallón de carros de combate, que luego fue enviado ante Sedan y destruido después de 24 días de batalla, sin que yo viese ni recibiese nada, mientras que otros, que se creían muy astutos, se escondieron en depósitos en Bretaña, fueron hechos prisioneros y llevados a cautividad, donde muchos murieron de disentería y de otras enfermedades. Lo más gracioso es que, estando en la línea de combate, a mí no me cogieron, ¡mientras que sí a los otros, que estaban en la retaguardia!

Esto es excepcional, y debo confesarle que jamás he tenido visiones, ni escuchado voces, ni hecho predicciones, a parte de la última, de la que le he hecho partícipe y que hay que referirla a 1950, pues en esta materia las fechas nunca son certeras. Y en este último caso, ha sido para satisfacer una petición apremiante de amigos inquietos, que he intentado franquear la «cortina oscura» que normalmente nos disimula el camino del porvenir, pues yo personalmente no experimento ninguna curiosidad enfermiza al respecto.

Todas mis respuestas y mis certezas son interiores, y son «evidencias» que me costaría mucho justificar ante terceros, pero que para mí son más ciertas que las apariencias incluso palpables del momento. Sólo estoy afligido por no estar más atento a la voz interior y no poder vivir en constante relación con ella, pues el entorno es muy perturbador y todo parece aliarse miserablemente para impedirme vivir dentro, en la alegría y la paz. [...]

Le quiero señalar, para terminar esta extensa carta, un antiguo error adoptado por los filósofos modernos, ¡siempre perspicaces como topos! El señor Sartre y Krishnamurti, Bergson y otros, no se han escapado de cometerlo.

Todos esos metafísicos miopes han confundido el «reposo del Ser» con la nada, lo cual aboca al absurdo de sus sistemas, al desespero cósmico y a un embrollo inextricable de sus pensamientos.

He intentado poner un poco de orden en esas concepciones cosmogónicas al azar de los versículos de mi obra, aunque no me tienta ordenar este misterio para el público, que no obstante, lo reclama (las cartas que recibo dan testimonio de ello).

Si le parece bien, usted podría hacerlo en mi lugar, en la introducción que piensa llevar a cabo, y sería divertido ver como, con algunas palabras, cae por tierra todo el sabio edificio del existencialismo que hace correr a todo el mundo, inclusive a la santa Iglesia, que no se queda atrás publicando un libro titulado *Existencialismo cristiano* (sic) (publicándolo o dejándolo publicar).

Así, podría muy bien subtitular mi obra de esta manera: *La Esencia, la Sustancia y la Mugre*. La esencia es Dios, fuego creador y animador de las formas. La sustancia es madre y diosa, agua nutricia y multiplicadora de las formas emanadas de la esencia.

La esencia es coagulante, mientras que la sustancia es disolvente. La mezcla de la sustancia con la mugre ha hecho aparecer la «materia», que es un «mixto» en el sentido exacto del término. Es la caída.

La mugre es la «nada», es decir, las tinieblas exteriores vueltas interiores debido al accidente de la caída, que se parece extrañamente a la emulsión de la franja de la esfera sustancial, cuando ésta se puso en movimiento bajo el impulso de la esencia central ¡He aquí el Ser en acto!

El cese de este movimiento puede muy bien llevar a la recuperación sustancial de las partículas exiliadas en las tinieblas exteriores, ¡he aquí el Ser en reposo!

Ciertas partículas pueden, desde luego, permanecer emulsionadas en la mugre debido a su rechazo a retornar al gran mar original y sustancial; he aquí el infierno y la revuelta de Iblis. Usted reconocerá fácilmente todos los nombres que se aplican a la sustancia pura en las religiones antiguas y recientes, así como los que se aplican a la esencia, figurada por el punto en el círculo.

El mal, que es la mugre, no tiene ser en sí, pero cuando accidentalmente es mezclado con la sustancia, se vuelve un ralentizador de ésta, y la muerte y el nacimiento imperan. Contrariamente, cuando se realiza la separación de la sustancia de la mugre (que es el secreto de la redención), solamente subsiste la vida eterna, sustancial y esencial.

Vea, pues, cuán grosero es confundir el reposo del Ser, que es el cese de la creación, con el no ser, que es la Nada exterior, y por lo tanto sin ser, sin acción y sin reposo propios.

Necesitaría mucho más tiempo y espacio para desarrollar y precisar mi pensamiento. No obstante, puede ponerlo a prueba, bajo esta forma muy concisa, confrontándolo con las enseñanzas de las grandes tradiciones iniciáticas y místicas. He intentado, muy sumariamente, representar mediante una imagen mi concepción del Universo en acto y en reposo, constituido por esta esencia central, esta sustancia global y esta mugre periférica. Se la adjunto esperando hacerme comprender mejor.

Le ruego que excuse esta extensa charla y reciba mi gratitud y mi muy amigable pensamiento en Aquel que subsiste en acto y en reposo a través de las eternidades del gran soplo alternado.[9]

*

René Guénon
El Cairo, 2 de enero de 1950

Estimado señor

Acabo de recibir su carta del 11 de diciembre, que se ha cruzado con la nota que le envié para comunicarle la recepción de la revista, que esta vez me ha llegado sin novedad, y espero que ocurra lo mismo con el ejemplar completo de su libro, que piensa enviarme.

Curiosamente, he sabido estos días que, en el mismo periodo en que su envío le había sido devuelto, unas revistas que me habían sido enviadas por otras personas también les habían sido devueltas, lo cual parece confirmar que, como había supuesto, hubo entonces un empleado temporal que no estaba al corriente; en todo caso, desde entonces ya no hay nada de anormal; debo decirle, por otra parte, que contrariamente a lo que usted parece pensar, nunca he tenido

---

9. *Véase* Anexo 3: una copia del dibujo original de Louis Cattiaux.

dificultades para recibir los envíos certificados, y para los impresos es más prudente a causa de los «amateurs» poco escrupulosos que, en el trayecto (no sé si en Francia o en el barco), se apropian de libros o de revistas que les interesan cuando no van certificadas.

Me alegra saber que la edición americana de su libro ya está del todo decidida; lo que me sorprende un poco es que se lo deba a un profesor de filosofía, pues hasta ahora nunca he constatado la más mínima comprensión, por parte de las personas que ejercen este oficio, y siempre he tenido la impresión de que su horizonte mental estaba irremediablemente limitado. Sea como fuere, es posible que, como usted espera, esto anime a los editores franceses a interesarse por su obra; téngame al corriente de los resultados de sus gestiones al respecto; creo comprender que ya no hay ninguna posibilidad con Desclée… Desde luego, cuando reciba su texto modificado, le haré conocer mis observaciones, si es el caso; en cuanto a la introducción, no me atrevo a prometerle que haga algo demasiado extenso, debido a la falta de tiempo; pienso que, en definitiva, lo que usted quiere es una modificación ampliada de mi reseña, ¿no es así?

Veo con satisfacción que en el fondo estamos del todo de acuerdo en cuanto a nuestra apreciación de Krishnamurti; había creído comprender, por lo que me decía la otra vez, que se lamentaba de que no hubiera tenido tanto éxito en Francia como en América, y esto es lo que me sorprendió. La verdad es que en América cualquier empresa pseudoespiritual encuentra siempre clientela, y cuanto más simplista y vacía sea desde el punto de vista intelectual, o más extravagante, más numerosa y entusiasta será su clientela, pues allí las fantasmagorías de todo tipo arraigan con una increíble facilidad.

No estoy del todo de acuerdo con su opinión sobre los alemanes; sobresalen sobre todo en los trabajos de erudición paciente, pero erudición y comprensión son dos cosas del todo diferentes, y no debemos olvidar que la interpretación de sus orientalistas está en el origen de muchas falsas concepciones divulgadas en Occidente respecto a las doctrinas orientales. En cuanto a su filosofía, debo confesarle que nunca me ha conseguido interesar demasiado, al igual que toda la filosofía moderna en general; todo eso no son más que abstracciones vanas y discusiones ociosas puramente verbales. Ahora es posible que las circunstancias actuales hayan cambiado algo en esta mentalidad; en todo caso, ya se verá qué acogida tienen mis libros allí; y seguro que hay que intentar la experiencia.

La proximidad del fin del ciclo presente no ofrece duda alguna para quienes conocen ciertos datos tradicionales, que concuerdan todos en el mismo sentido; la creciente aceleración de la que usted habla no es ya dudosa, es fácilmente constatable en todo lo que acontece a nuestro alrededor; yo ya lo he indicado expresamente en diversas ocasiones y sobre todo en *El Reino de la cantidad*.

No, todavía no me había contado lo que le sucedió a raíz de la movilización general y lo que vino después; esta historia es verdaderamente extraña, seguramente, aunque no puedo decir que esté muy sorprendido, pues ya tenía conocimiento de otros casos iguales al suyo; y todavía habría más si la gente supiera prestar atención a ciertas «advertencias» y tenerlas en cuenta.

Respecto a no tener visiones, no debe lamentarse por ello, sino más bien felicitarse, pues las facultades psíquicas de esta índole son ciertamente mucho más molestas que útiles. En cuanto a las reacciones hostiles del mundo ambiente para con todos los que buscan escaparse de él de una manera u otra, son cosas perfectamente naturales, aunque no por eso sean menos enojosas, sobre todo, como parece que es su caso, cuando encuentran un soporte en el entorno inmediato.

La confusión del «reposo del Ser», es decir, del estado no manifestado, con la Nada, es del todo evidente en los filósofos modernos (pseudometafísicos, que son en realidad antimetafísicos), sobre todo los que, como Bergson, pretenden poner toda la realidad en el devenir. Ya he oído hablar de ese existencialismo cristiano, que se apoya en Kierkegaard (del que no sé gran cosa); incluso he oído decir que Maritain y Gilson se habían puesto de acuerdo para sostener que el mismo tomismo era ya un existencialismo; pero saber exactamente qué es lo que se entiende por existencialismo, ¡le confieso que no lo he conseguido! He intentado leer *El ser y la nada* de Sartre; me ha parecido que no era más que verbalismo puro y simple, adornado con inverosímiles complicaciones psicológicas; decididamente, en el fondo la filosofía es algo de muy poco interés.

Le agradezco el resumen «cosmogónico» que me expone al final de su carta; si lo he comprendido bien, viene a decir que lo no manifestado es superior a lo manifestado, lo cual es una noción del todo evidente desde el punto de vista de la metafísica tradicional y que, en consecuencia, toda manifestación puede ser considerada como una «caída», o por lo menos como un «descenso» (no me parece que para ello sea necesario que tenga lugar en la «materia», siempre y cuando esta palabra sea susceptible de tener un sentido muy preciso, lo cual me parece dudoso). Sólo que yo prefiero decir no manifestado y manifestado donde usted dice «Ser en reposo» y «Ser en acto», porque lo que habitualmente se opone al «acto» es la «potencia», y no puede haber ninguna potencialidad pura, y en realidad, lo manifestado, en tanto que participa de ello, no puede nunca ser completamente «en acto». Y añado que lo no manifestado va más allá del Ser, en tanto que éste no es propiamente más que el principio de la manifestación universal; pero dejando a un lado toda cuestión terminológica, me parece que aquí estamos completamente de acuerdo en lo esencial; ya me dirá si estas observaciones responden bien al sentido que usted le da.

Ya que ha comenzado un nuevo año, no quiero terminar sin enviarle mis mejores deseos, junto con mis más cordiales sentimientos.

*

Louis Cattiaux
París, 23 de diciembre de 1949

Estimado señor y amigo:

Me alegra saber que ha recibido la revista con las imágenes de mi vivienda parisina. Le enviaré un reportaje fotográfico que debe aparecer próximamente en el extranjero, donde podrá ver nuestras caras más de cerca. Nuestra casa no tiene nada que ver con la de los artistas parisinos que, por lo general, parecen más cuchitriles de vagabundos que moradas de gente con buen gusto. Así, nos tratan de burgueses, pero de lejos, pues no nos frecuentamos. Es muy posible que yo no sea un artista, si ello conlleva que debo ser sucio, emborracharme, pasar las noches en discusiones humeantes en los cafés, vivir en el desorden y en la confusión, y fumar en pipa, con jersey y disfrazado con una gorra de trabajador, lo cual queda bien en la «izquierda», como dicen ellos, ya que son también muy «avanzados»; desgraciadamente, es «avanzado como la carne»,[10] como debería entenderse. Ciertamente, soy más un filósofo que pinta, que un pintor que filosofa, y entiendo por filósofo esa especie rarísima que se llama «filósofo por el fuego», y no filósofo como los de la Sorbona, más intelectuales y sabios en dialéctica, pero en ningún modo operativos ni sabios en Dios.

Todo esto no arregla mis asuntos en el mundo, y mi ineptitud innata en combatir para recoger un hueso o arrastrarme para obtener el rancho, me sitúan en una inferioridad muy desagradable en el mundo actual, donde la grosería compite con la banalidad; y no estoy orgulloso de no saber ganarme o «robar» la vida a mis 45 años como todo el mundo, y experimento una secreta admiración por quienes lo consiguen con tanta facilidad en mi entorno. Sin embargo, constatando su desorden moral, espiritual y psíquico, pienso que pagan muy caro las ventajas que adquieren, y en definitiva me considero un privilegiado en mi retiro adornado y sin blanca.

El defecto que teme usted, en realidad no existe para nosotros, pues los transeúntes son muy discretos; conociendo mi casa, pasan sin pararse cuando en verano mi puerta

---

10. Entiéndase como la «carne en avanzado estado de descomposición».

está abierta, y mi letrero es en general suficiente para alejar a los no habituales de la calle. En invierno, las cortinas nos protegen de los eventuales curiosos. Todavía espero permanecer aquí algún tiempo, pero si es necesario partir, escucharé humildemente la voz del destino a fin de no ser destrozado inútilmente por haberme puesto estúpidamente de través.

Esta actitud me proporciona una gran paz y también una gran seguridad, y jamás he tenido que deplorar mi obediencia ciega, sino todo lo contrario.

Le envío un ejemplar corregido y quiero hacer copias de los últimos capítulos para mandarle una, a fin de que pueda conocer exactamente mi obra completa, con vistas a la introducción que tiene a bien hacer para la edición americana.

Le envío mi siempre buen pensamiento y mi deseo eficaz de paz en Aquel que ES por los siglos de los siglos.

*

René Guénon
El Cairo, 23 de enero de 1950

Muy estimado señor:

Hace algunos días recibí su carta del 23 de diciembre, y acabo de recibir el ejemplar corregido de *El Mensaje Reencontrado*; se lo agradezco. Ya ve que ahora todo llega bien, lo cual confirma mi suposición de que fueron devueltos sin ninguna razón. Por lo que me dice, pienso que pronto me enviará la copia de los últimos capítulos; intentaré examinarlo todo lo antes posible, es decir, cuando encuentre un poco de tiempo libre. Gracias de antemano por el reportaje fotográfico que dice me enviará; ¿en qué país debe aparecer?

Me alegra saber que en su casa actual está más al abrigo de la curiosidad más o menos indiscreta de los transeúntes de lo que había pensado; por lo demás, no conozco su calle, pero imagino que debe ser más bien tranquila, si es que en París todavía queda alguna. Le deseo que aún pueda permanecer en ella por mucho tiempo, aunque por supuesto, si las circunstancias le obligan a dejarla creo, como usted, que hará muy bien en no oponer ninguna resistencia, pues en definitiva será para bien, como constatamos a menudo con las cosas de las que no habíamos visto, de entrada, más que su lado desagradable.

Aunque naturalmente no mantengo ningún contacto con los artistas actuales, tengo la impresión, por lo que sé, que lo que me dice de la actitud de la mayoría de ellos es exactamente así. La suya, tan diferente, no es, evidentemente, favorable al éxito material; no hay de qué extrañarse, en la época que vivimos, aunque pienso que no es necesario que se lamente demasiado, pues al igual que usted, dudo de que los que tienen éxito por no importa qué medios, puedan ser en el fondo realmente mucho más felices.

Rápidamente, con mis más cordiales sentimientos.

*

Louis Cattiaux
París, 13 de enero de 1950

Estimado señor y amigo:

Su excelente carta del 2 de enero supone para mí un gran consuelo espiritual en medio de todos los superinteligentes de aquí, que juzgan las hojas del árbol de la creación sin siquiera sospechar que hay una raíz de la que proceden y a la que retornan. Sus buenos deseos me son de gran valor, pues llegan precisamente en esta fecha de 1950, que debe ser para mí el comienzo del desencadenamiento y de la liberación; y sus deseos son una señal complementaria que me llega después de otras señales curiosas, como acumuladas y con prisa por manifestarse después de una larga espera. Y su mano es buena porque el ojo de su espíritu es claro.

Siento un poco de vergüenza de tomarle tantos preciosos momentos y de ocasionarle gastos de correspondencia, mientras que su obra le llama encarecidamente y que nuestro tiempo es tan corto. Me excusará, pensando en el consuelo que experimento al escucharle exponer tan claramente la doctrina de la única realidad, donde tantos otros se ahogan miserablemente.

Mis expresiones difieren de las suyas porque me ha sido necesario inventarlas, pues no poseo sus fuentes numerosas y «únicas», ni sobre todo el rigor sorprendente de su verbo expresivo. Es absolutamente sorprendente que nos encontremos también exactamente en cuanto al fondo, mientas que nuestro punto de partida parece tan diferente. No puedo decir que me alegra su oposición formal a esos chupatintas y filosofistas, pero me reconforta mucho y me hace salir de mi soledad espiritual; soy como un viajero extraviado en un país extraño, que encuentra de forma imprevista un compatriota y llora de alegría escuchándole hablar la lengua natal en medio de la jerga incomprensible de seres ciegos, sordos y delirantes.

Es ciertamente el doctor Piper, de la Universidad de Siracusa, en Nueva York, quien se ha fijado en mi obra, ha encontrado un traductor y se ocupa de buscar un editor. Esto me ha sorprendido tanto como a usted, pero debemos creer que el humor divino es infinito y que le gusta asombrarnos siempre y en todo.

La editora Desclée se ha horrorizado con mi obra y habría sido necesario un prefacio del arzobispo de París y una aprobación del Papa para que se decidiera tan sólo a leerla. Creo que es el padre Bruno, carmelita y promotor del libro titulado Satán, quien ha hojeado el libro y su opinión ha sido manifiestamente desfavorable. Piensa que se puede ser imprudente con los asuntos del diablo, pero muy circunspecto con los de Dios y, finalmente, tal vez no se ha equivocado del todo. No obstante, poseo una pequeña confianza en la Providencia y ello me permite ser paciente y aceptar tranquilamente los juicios del clero, de los literatos y otros patafísicos actuales. Ni siquiera me atrevo a esperar que mi libro haya aparecido en inglés para proponerlo a las grandes editoras francesas (que han rechazado el manuscrito), ofreciéndoles traducirlo para una edición francesa. Creo que tendría muchas posibilidades de conseguirlo, no dando mi nombre verdadero, desde luego. Pero temo que los directores importantes de esas editoras importantes no entiendan muy bien la broma a posteriori.

Su ayuda fraternal en lo que concierne a la introducción que tiene a bien escribir para mi obra me es particularmente apreciada, y me alegra que Dios le haya inspirado aceptándolo, considerando la cosa como una buena señal para nosotros dos y como una alianza de metales puros. Haga como mejor le plazca, pero piense en el asombro del lector medio y en la confusión de los otros cuando tengan estas páginas, que exigen tanto de ellos mismos, donde todo está por masticar y digerir largamente.

La palabra «alquimia», tan desviada y confundida por todos, o casi, con la crisopeya, puede ser un espantajo para muchos; los términos «tradición primordial», que le pertenece, gnosis o hermetismo me resultan menos duros. La palabra «alquimia» me parece reservada para los «locos de Dios», que son también «los sabios de Dios», ¡y hay tan pocos en el mundo!

De todas maneras, su introducción será bienvenida, aunque sea corta, si no posee más tiempo para hacerla, y estoy seguro de felicitarme por ella, y rezo para que usted quiera también felicitarse por la obra completa.

En cuanto a Krishnamurti, quería decirle que estaba pasmado de ver cómo los americanos van a todo indistintamente, y cómo los franceses lo rechazan también todo indistintamente. He leído algunos pasajes de sus conferencias y, por reacción, he sentido la santidad y la utilidad de un simple zapatero que repara los zapatos de los hombres, sin vanas sutilidades delirantes.

Todos sucumbimos bajo la avalancha de esos pretendidos revolucionarios, que de hecho lo son tan poco, pues si realmente realizaran su «revolución», volverían al origen, en lugar de alejarse cada vez más de él y combatirlo, o sea, negarlo. En cuanto a mí, me presento como el heredero muy humilde y como el muy obediente hijo de la tradición primordial, ante la cual me arrodillo lleno de respeto y de amor, escuchando en mi corazón su voz santa y muy misteriosa. No soy más que un instrumento en las manos del Artista, tal vez un poco más despierto que otros, pero un instrumento, y el Artista es el intérprete del gran compositor que reposa, y los tres manifiestan la obra, pero cada uno en su rango.

A propósito de esto, es muy curioso constatar cómo, después de un gran concierto, el público aclama al artista que interpreta, pero descuida al creador y al instrumento, mientras que, en las obras reveladas, ese mismo público aclama el instrumento y olvida al creador y al artista. En suma, lógicamente el público debería estrechar los pies del piano y aclamarlo para situarse en el plano de la idolatría religiosa, que es la que ha adoptado normalmente. Mahoma parece ser muy desconfiado con este error común de casi todos los hombres, prohibiendo las imágenes como soportes de la fe.

Su opinión en lo que concierne al error de interpretación de los orientalistas alemanes es del todo conforme a la mía, y me ha sido necesario mucho tiempo para descubrir su monstruoso error respecto a cómo presentan el Nirvana, y continúan, como muy bien dice usted, extraviando el pensamiento occidental en lo que concierne al conocimiento de las doctrinas orientales. Se puede decir exactamente que han «desorientado» a Occidente.

Toda filosofía que conjetura sobre las apariencias del mundo es necesariamente ciega y contradictoria, e incluso la misma palabra «filosofía» está horriblemente desviada de su significación primera desde que los profanos han introducido en ella su supuesta razón. Pues todo el mal proviene de esos ignorantes inteligentes que pesan los elementos de fuera, en lugar de reunirlos dentro.

Sus términos de Ser manifestado y Ser no manifestado son excelentes, pero no le sigo en lo concerniente a la oposición que indica entre potencia y acto, pues para mí la potencia contiene el acto, como el reposo contiene la potencia. ¿No se le llama a Dios Todopoderoso? Y ¿cómo estaría en las tinieblas inertes y muertas para siempre de fuera? Como usted dice, es necesario trascender la terminología a fin de no correr el riesgo de encontrarse en desacuerdo respecto a la única verdad. Así, lo que usted llama potencialidad de las tinieblas exteriores, me parece corresponder a lo que yo llamo «espejo oscuro» con el sentido de éxtasis, de inmovilidad innata de rebote. Temo aburrirle desarrollando mi pensamiento sobre la constitución del Ser e intentaré ser breve, pero vale la pena que esto sea precisado, ya que sus fuentes tradicionales y mis fuentes herméticas deben encontrarse y fundirse armoniosamente en la única verdad.

He puesto como subtítulo de mi libro *La esencia central, la sustancia global y la mugre periférica*; alquímicamente, es el azufre, el mercurio y la tierra y el agua malditas y muertas. La sal es solamente la unión del azufre y del mercurio, o mejor, la coagulación del mercurio por el azufre. La materia no es más que el estado mixto de la mezcla accidental e impermanente de una parte de la sustancia con la mugre exterior. Así pues, la creación es opaca o traslúcida según esté en la materia o en la sustancia. La inmortalidad es el rechazo de la porción muerta y la fijación de la porción sustancial por su simiente o esencia, o azufre interior. Una conversación resolvería más dichosamente nuestros puntos de vista que los intercambios epistolares, pero no lo veo posible por el momento. No obstante, espero en los próximos años poder visitarlo y llevarle una prueba tangible que pocos hombres han visto aquí abajo; esto sería un gran consuelo para nosotros dos, que tanto amamos la verdad de Dios. Estoy sorprendido de que nadie señale el error fundamental de los filósofos modernos y mundanos en lo que concierne a su confusión entre el Ser «no manifestado» y la Nada, lo que permite todos los delirios y todas las fantasías intelectuales de esos falsos pontífices.

Le deseo la bendición de Dios que es suficiente para todo cuando se la recibe sin obstáculo, y le envío mi siempre buen pensamiento en Aquel que ES.

P. D.: Envíeme su introducción lo más pronto posible para que la haga llegar al traductor sin demora. Le ruego que perdone esta prisa excepcional.

*

Louis Cattiaux
31 de enero de 1950

Estimado señor y amigo:

Me alegra saber que ha recibido mis envíos sin contratiempos. Con seguridad que el error del principio se dio debido a un cambio de empleado, como dice usted. Le adjunto los capítulos XV y XVI, a los que faltan algunos versículos que he dado para mecanografiar y que se han perdido, pero me parece que tendrá una perspectiva suficiente de la obra, pues en la parte que falta no hay nada de particular ni de excepcional que pueda desentonar con el conjunto que posee. El reportaje sobre *Pussy Khan*, mi soberbio gato, aún no ha aparecido, o por lo menos no lo he recibido; se lo enviaré en cuanto me llegue. Debe aparecer en Holanda, Bélgica y Luxemburgo, y otro en Suiza.

Mi calle es tranquila, y estoy situado frente a una plaza ajardinada, delante de la cual se encuentra la iglesia de Santa Clotilde. Estoy rodeado de ministerios instalados en antiguos palacetes particulares del barrio de Saint Germain. Todavía hay árboles y jardines privados, lo cual proporciona aire y pájaros. Mis nuevos propietarios son amables y espero que aquí no emprendan nada contra mí.

Todo se estrecha terriblemente a nuestro alrededor, la vida material se vuelve muy difícil y la pobreza imposible en un mundo de inquisiciones y de coacciones crecientes. Tengo la impresión de la inminencia de los sucesos liberadores de Rusia y Francia, de lo cual ya le he hablado, y espero que esto permita a los pueblos socializados a ultranza respirar un poco. Espero también que esto sea rápido y que no haya demasiados desperfectos, principalmente aquí. Espero igualmente que le interese verificar una predicción de esta importancia, que se ha hecho esperar.

Haga como le parezca con la introducción, con tal de que la obra le haga honor, así como la introducción ciertamente me hará honor y me será cara.

Hemos pasado un frío cruel y ahora tenemos una lluvia que engendra los resfriados deprimentes. No puedo evitar soñar con melancolía en su clima magnífico, seco y caliente de Egipto, cuna del ARTE REAL, que en la actualidad apasiona a tan pocos hombres en el mundo acelerado. Supongo que Kirdre o Kird es lo mismo que Melquisedec, ¿qué opina usted sobre él?

Le envío mi siempre buen y sincero pensamiento.

*

René Guénon
El Cairo, 20 de febrero de 1950

Muy estimado señor:

Hace una decena de días que he recibido su carta del 13 de enero, y acabo de recibir la del 31, con los capítulos XV y XVI, que junto con los precedentes. Quisiera poderlo ver todo dentro de poco tiempo y, por causa de la traducción, no hacerle esperar demasiado la introducción prometida, pero en este momento mi trabajo aún está más atrasado que nunca; piense que todavía no he podido preparar los artículos para el número de marzo de *Études Traditionnelles*. Hay que decir que el frío que tenemos aquí no facilita las cosas, con los resfriados continuos, que son su consecuencia; aún es más fuerte que el invierno anterior, que ya se consideró excepcional, y esta vez incluso ha helado, lo cual jamás se recuerda haber visto; decididamente, hay que creer que los climas están alterados como todo lo demás... Naturalmente, no llega a ser como en su lugar, pero debido a que no se está organizado para protegerse del frío, se soporta más difícilmente.

Estoy contento de ver que tiene fundadas esperanzas de poder permanecer tranquilamente en su casa; no había comprendido que se trataba de un cambio de propietario lo que le había inspirado temor.

En cuanto a los sucesos anunciados en la predicción que me ha comunicado, naturalmente no hay más que esperar aún un poco; pues sé muy bien que en semejante caso es casi imposible fijar una fecha precisa, o por lo menos es extremadamente raro; sea como fuere, deseemos que todo esto termine bien.

El Khidr no es exactamente el mismo que Melquisedec, aunque haya entre ellos una relación muy estrecha. La diferencia es la que existe entre la vía iniciática, que depende del «Polo» y la de los Afrâd, siendo, por otra parte, esta última excepcional. En la cábala existe algo similar con los dos hermanos «dotados de una juventud perpetua», Metatrón y Sandalfón.

Volviendo a su libro, el rechazo de la editora Desclée no me sorprende; en cuanto al padre Bruno, creo que su gran defecto es una cierta falta de criterio, ¿cómo podría sino acoger favorablemente cosas tales como el psicoanálisis? La colaboración de Maryse Choisy en *Satán*, particularmente, ha producido un efecto deplorable en muchos sectores.

La diferencia entre sus expresiones y las mías no tiene seguramente nada de sorprendente, y su único inconveniente es que a veces puede dar un poco de trabajo establecer las equivalencias precisas; pero por supuesto que lo esencial, como dice usted, es estar de acuerdo en el fondo. En efecto, la palabra «alquimia» da lugar, en la mayoría de personas, a la confusión de la que habla, y lo he señalado en numerosas ocasiones; creo que el término «hermetismo» es el que más conviene (o entonces se podría decir «alquimia espiritual» para evitar todo equívoco). «Gnosis» tiene un sentido mucho más amplio y, por otra parte, existe un inconveniente: que muchos confunden gnosis con gnosticismo, lo cual no es en modo alguno la misma cosa. En cuanto a la tradición primordial, la expresión no es aplicable en este caso, pues en realidad se trata de una forma de tradición derivada, como, por otra parte, todas las que se pueden conocer actualmente.

A propósito de Krishnamurti, acabo de saber que ha dejado California para volver a la India; ¿qué podrá hacer allí sino aumentar el desorden que ya causa ahora, como en todas partes, la invasión de las ideas modernas? En cuanto a los americanos, no es del todo cierto que vayan a todo indistintamente, pues parece que cuanto más extravagante es la cosa, más probabilidades tiene de prosperar entre ellos; de alguna manera, esto es como la contrapartida a su mentalidad de hombres de negocios, que son como los dos polos opuestos de un mismo estado de desequilibrio.

La complementariedad (más que oposición) entre la potencia y el acto pertenece a la terminología aristotélica y escolástica; aquí la potencia tiene el sentido de «potencialidad», y no tiene nada en común con el otro sentido, según el cual Dios es designado como el Todopoderoso (al igual que, por otra parte, el acto no tiene nada que ver con la acción); estas acepciones tan diferentes para un mismo término (y hay otros ejemplos en que esto es aún más molesto) muestran claramente la insuficiencia del vocabulario occidental, incluso del que se ha esforzado en ser más riguroso. El espejo oscuro me parece que corresponde exactamente a la pasividad universal, aunque por otra parte, esto es en el fondo idéntico a la pura potencialidad. ¿Es exacto decir que la sal es simplemente la unión del azufre y del mercurio, o más bien el producto de esta unión?

La confusión filosófica del Ser no manifestado con la Nada seguramente es enorme, pero debemos darnos cuenta de que todo lo que los hombres son incapaces de concebir (y el horizonte intelectual de los filósofos modernos está muy estrechamente limitado) no puede en efecto aparecérseles más que como la Nada.

¿Quién sabe si llegaremos a encontrarnos algún día? Lo deseo, pero en cuanto a mí, no hay que contar con que pueda desplazarme; nunca he sido viajero y sobre todo ahora esa perspectiva me asusta mucho, pues para ir de un país a otro, las cosas se han vuelto tan complicadas desde todos los puntos de vista que ello me parece casi imposible; lo más curioso es que esto no impide a los admiradores del supuesto «progreso» alabar las facilidades que han aportado a las comunicaciones los inventos modernos.

Muy cordialmente suyo.

*

Louis Cattiaux
París, 1º de marzo de 1950

Estimado señor y amigo:

Estoy desolado de saber que pasa frío, pues recuerdo los momentos crueles pasados aquí durante la guerra, donde a veces en mi habitación principal estaba sólo a dos grados. Recuerdo haber permanecido acostado durante un mes, de tanto frío que hacía, y así escribí el capítulo VI de mi libro, creo. No podía ni rezar, de lo adverso que me es el frío, y todavía hoy el invierno me resulta triste. He enviado el último capítulo enrollado, pero está mal dactilografiado, pues se encargó de hacerlo un amigo inexperto, hace dos años. Puede tomarse su tiempo para hacer la introducción, pues siempre se puede hacer la composición al final, y de todas maneras, temo aún un retraso e impedimentos irrisorios, aunque no dejan de serlo. Tengo aquí mismo una nueva esperanza para la edición, pero no me atrevo a hablar de ello, pues las dificultades precedentes me han vuelto tímido.

Mis nuevos propietarios parecen acomodados y renuncian a trasformar nuestras habitaciones en despachos, gracias a una ley reciente que prohíbe estas trasformaciones burocráticas.[11] Así pues, tengo asegurada la morada (en la medida en que se puede estar seguro de algo aquí abajo).

A propósito de los sucesos predichos, creo que esto comenzará en Pentecostés, pero como dice usted, las fechas son difíciles de precisar en esta materia imprecisa. El Khidr me atrae mucho, aunque sé pocas cosas del mismo, y Melquisedec es uno de mis maestros espirituales venerados, cuyo sacerdocio secreto conozco mejor.

Respecto al padre Bruno y muchos otros, creo que están corrompidos por su inteligencia, que ahoga la voz interior. Quieren rivalizar con los sabios cartesianos y se vuelven peores que ellos.

Por otra parte, son los incrédulos perfectos quienes se mantienen en su lugar, como ciertos soldados, por la paga y el rancho asegurado. De todas maneras, no creo que mi libro haya sido leído, aunque esto no tiene ninguna importancia, ya que le llegará lo que debe llegarle, por estar de-

---

11. *Bureaucratiques* en el original.

dicado a Dios y a aquellos que le aman lo suficiente como para atreverse a buscarle en la mugre de este mundo, quiero decir, a través de la mugre de este mundo.

Su definición de «alquimia espiritual» ha sido empleada por el doctor Rouhier y es una coincidencia curiosa que me parece de buen augurio para mi obra.

Existen muchos profetas y muchos sabios a la manera de Krishnamurti, pero son profetas y sabios según el mundo, es decir, dialécticos sin poderes psíquicos ni herméticos, y sin conocimiento de las cosas ocultas. Así, se convierten en los campeones de lo racional y se proclaman innovadores y revolucionarios, como ignorantes que se imaginan construir con palabras privadas de su soporte real.

El vocabulario occidental es, en efecto, muy insuficiente para expresar los diversos estados del cuerpo-espíritu que está en el origen de toda la creación visible e invisible.

Pienso poder ir algún día en peregrinaje a esta tierra de Egipto santa, de donde vienen las grandes oraciones y los grandes secretos de nuestras religiones; entonces le llevaré algo que muchos hombres han esperado, pero que bien pocos han visto aquí abajo, pues no será un viaje vano de turista ciego y sordo, y he aprendido a tener paciencia, la cual está representada por una escalera de nueve peldaños.

Le envío mi siempre buen y muy amigable pensamiento.

P. D.: Sí, ciertamente, la sal es el producto de la unión del azufre terrestre y del mercurio celeste, por eso es llamado cuerpo-espíritu.

Como dice usted, la confusión del Ser no manifestado con la Nada es enorme y yo añadiría que convierte en ridículos en grado extremo a aquellos que la hacen, colocando a los filósofos y a los metafísicos consumados en este mundo ignorante y vanidoso.

*

René Guénon
El Cairo, 20 de marzo de 1950

Muy estimado señor:

Acabo de recibir su carta del 1º de marzo; lamento los atrasos y las dificultades que, según me dice, todavía sobrevienen a su libro; pero por otro lado debo confesarle que esto me tranquiliza por lo que a mi respecta, pues temía hacerle esperar la introducción más de lo necesario y ser así yo mismo la causa de un retraso. No se inquiete por las faltas de copia que puedan encontrarse en el último capítulo; creo que me las arreglaré; lo importante sería únicamente que pudiera encontrar un poco de tiempo y de tranquilidad para examinarlo todo con el cuidado que querría poner en ello.

Tiene que excusarme, pues mi trabajo no hace más que aumentar siempre (en particular la correspondencia), y ya no sé cómo solucionarlo.

Ya veo que a usted, como a mí, tampoco le gusta el frío; ahora ya nos hemos librado de él, pero el tiempo es aún extraño y cambiante; prefiero el verano, incluso aquí, pues el calor jamás me ha incomodado.

Me alegro por usted de la buena disposición de sus nuevos propietarios, y le deseo que pueda continuar viviendo tranquilamente en su casa.

Si los sucesos previstos parece que deben comenzar en Pentecostés, sin duda no debe faltar mucho (no tengo a mi disposición un calendario europeo para ver la fecha exacta); tengo mucha curiosidad por ver qué será.

Probablemente tiene usted razón sobre lo que dice del padre Bruno, y desgraciadamente, en nuestra época hay ciertamente muchos casos parecidos al suyo; tenemos aquí otro «signo de los tiempos».

Respecto a Krishnamurti, he sabido que irá a París en los meses de abril y mayo para dar una serie de conferencias; su estancia en la India no habrá sido muy dilatada; no sé si volverá allí pronto, pero me parece más probable que vaya a California para reencontrarse con sus discípulos.

El vocabulario occidental siempre ha sido más o menos insuficiente y ha provocado muchas confusiones, pues incluso una terminología que quiere ser tan precisa como la escolástica, no lo consigue. Y esto ocurre mucho más en los tiempos modernos. La grosera simplificación cartesiana tiene mucho que ver, pero ¿no piensa usted que no hubiese sido adoptada de forma tan general y fácilmente, si no hubiera existido ya en Occidente cierta mentalidad, a la que ha dado una expresión más netamente definida?

No creo que una filosofía pueda arraigar si no es como una suerte de resultante y de cristalización de tendencias prexistentes, y no tanto como el punto de partida de una nueva orientación de la mentalidad. Sea como fuere, no es menos cierto que, sobre todo después de Descartes, los occidentales no han sabido hacer ninguna distinción entre alma y espíritu, tomando indistintamente estas dos palabras de una manera completamente vaga y confusa. No sé quién ha escrito (tal vez fue Leibnitz, pero no estoy seguro) «que no hay cosa tan absurda como para que no haya sido dicha por algún filósofo»; seguro que esto es muy cierto.

Estamos del todo de acuerdo en lo que concierne a la sal; pero no me explico muy bien que hable usted de azufre terrestre y mercurio celeste; ¿no convierte esto la tierra en masculina y el cielo en femenino, contrariamente al simbolismo tradicional más generalmente admitido? (Digo más generalmente porque parece que la tradición de los antiguos egipcios era una excepción; pero sabemos realmente muy pocas cosas, por lo que es imposible conocer las razones de ésta al menos aparente anomalía y sorprendente a primera vista).

Esperemos que un día consiga realizar su intención de venir aquí; me gustaría conocerle más directamente, y la promesa que formula aún me hace desearlo más. Comprendo que no quiera hacer este viaje como un turista; este tipo de gente es verdaderamente odiosa por su necedad y atontamiento incomprensible, y cuando se les ve por aquí, parecen más un rebaño de corderos que no seres humanos.

Crea, se lo ruego, en mis más cordiales sentimientos.

*

Louis Cattiaux
París, 11 de marzo de 1950

Estimado señor y amigo:

Le adjunto el capítulo XIII copiado por un amigo, pues sólo poseo un ejemplar.

Ahora ya tiene toda la obra y puede juzgar y escribir lo que le parezca justo.

Aquí la situación es muy confusa, y espero que, a pesar de todo, haya calma durante mi exposición.[12]

Le envío mi siempre buen y muy amigable pensamiento.

*

Louis Cattiaux
París, 28 de marzo de 1950

Estimado señor y amigo:

Su extensa carta me ha llegado después de la fiebre de la inauguración de mi exposición de pintura, que interesa mucho a otros pintores por la técnica reencontrada de los antiguos, técnica que por fin he conseguido poner a punto por completo. Es como un esmalte transparente que deja aparecer, a pesar de las capas, los trazos más finos del dibujo. Respecto a esto, he oído algo que denota bien el espíritu de rapto que rige la mentalidad actual de los hombres. Un joven pintor de vida etílica y mugrienta me reprochaba incongruentemente mi egoísmo porque no divulgaba mi secreto al primero que llega, rencontrado después de quince años de investigaciones, de esfuerzos y de oraciones. Se ha sorprendido mucho cuando le he dicho que este tipo de cosas sólo se comunican al más digno, después de una larga prueba, y que primero debía cambiar de vida, aprender a rezar y a venerar a los maestros antiguos, en lugar de despreciarlos o de ignorarlos para enmascarar su propia

---

12. Louis Cattiaux adjunta una invitación para su exposición. *Véase* el Anexo 5.

impotencia. En fin, le he recordado la parábola de Kristo, cuando dice que no hay que echar perlas a los puercos ni dar una lira a los asnos, lo cual le ha sorprendido mucho, pues creía, como muchos otros, que los buscadores, al igual que los supuestos sabios actuales, estaban aquí para trabajar en su lugar. Éste es el gran punto que divide la ciencia de los hombres de la de Dios. Allí, todo es vertido como un cubo de basura ante todos. Aquí, el secreto es reservado a algunos preciosamente. Son dos métodos opuestos e irreconciliables que marcan definitivamente la gente de «fuera» y la de «dentro».

Estoy avergonzado de ser para usted la causa del aumento de su correspondencia, y comprendo muy bien esta molestia porque yo también estoy sometido a todo tipo de correspondientes curiosos y descarados.

Debería tener la indelicadeza de enviarlos a las obras publicadas, que casi siempre responden de antemano a sus preguntas; o bien habría que tener un secretario que nos hiciera el trabajo.

Le ruego que se tome todo el tiempo necesario para la introducción, que tan amablemente tiene a bien hacerme, pues en el caso de que se edite, siempre se puede hacer la composición al final. A propósito de esto, he recibido una nueva petición de un editor inglés, y mis amigos belgas me han ofrecido, generosa y espontáneamente, su ayuda financiera para una edición en Francia, donde nadie parece comprender esta obra entre los editores a quienes les ha sido ofrecida. No saben en absoluto lo que deben pensar, y ante la duda, se abstienen. Prejuzgan las posibilidades de los lectores, como los críticos prejuzgan a los espectadores, así forman una barrera, mientras que están allí para hacer de puente.

Creo que el fin de la Rusia comunista es para este año, para asombro de muchos, que creen que la guerra es inevitable. Le adjunto el resumen de nuestra última experiencia, que puede entregar a un notario o a algún otro oficial ministerial, en sobre sellado y registrado, a fin de tener una prueba eficaz de la predicción, que es del todo asombrosa, pues se trata de sucesos que conciernen a centenares de millones de individuos, y usted sabe que normalmente este tipo de predicción es vana.

Krishnamurti está aquí, pero no tengo el coraje de ir a escuchar a este retórico superinteligente que repite como una novedad las enseñanzas de ciertos yoguis antiguos, que ignora o que finge ignorar a fin de jugar a innovador. Así, o bien es ridículo o de mala fe, pero de todas maneras está separado de la revelación antigua, que no es únicamente espiritual, como muchos creen, sino también corporal, lo cual muy pocos saben o sospechan aún hoy día.

Sí, dice usted bien, es la grosería prexistente lo que engendra y cristaliza las filosofías ignorantes o bestiales. Tiene usted una capacidad de examen, de confrontación y de penetración que verdaderamente me asombra, se parece a la punta de acero de un florete muy puntiagudo y bien templado, que se insinúa ante el mínimo fallo y desbarata toda construcción imperfecta; es temible, pero muy necesario, y debe estar cansado de echar abajo tantos ídolos, sin encontrar la pirámide perfectamente ajustada en la que no podría hacer mella desde fuera, pero que le dejará pasar por su puerta estrecha y oculta.

El problema del azufre es complejo, pues si es solar en su origen, su morada es fija en la tierra, y como es él quien coagula, es ciertamente macho, y la tradición egipcia antigua es muy cierta. La sal es también andrógina y triple, pues está formada de la unión del espíritu ☿, del alma ☉ unificante y del cuerpo ✚ resultante, ♀ representados así tradicionalmente.

Le envío mi siempre buen pensamiento en Aquel que ES.

*

René Guénon
El Cairo, 24 de abril de 1950

Muy estimado señor:

Estos últimos días he recibido su carta del 28 de marzo y me alegra conocer el interés que ha suscitado su exposición de pintura que, por otra parte, no me sorprende, teniendo en cuenta lo que me dice sobre la técnica antigua encontrada por usted. Sobre la historia de ese joven pintor que le reprocha no querer divulgar sus descubrimientos, es en efecto del todo conforme con la mentalidad actual; reconocemos aquí esa característica de nuestra época, a la que he llamado «odio al secreto», y que se manifiesta en todas las circunstancias. En cuanto a la ciencia moderna, como es puramente exterior y superficial, es evidente que el secreto no tendría en ella ningún objetivo, a menos que se tratase simplemente de reservarse el monopolio de algún invento, lo cual no compete más que al orden de las aplicaciones industriales.

Le compadezco por estar, usted también, asediado por todo tipo de correspondencia, pues es muy probable que en su gran mayoría no sea demasiado interesante. Siempre he tenido el defecto (si es que lo es) de responder a todas mis cartas, por temor a desanimar a alguna buena voluntad, pero hay quienes abusan y me agobian con cuestionarios interminables; sólo hago excepciones con los locos y las personas con intenciones sospechosas.

Pensaba que la traducción de su libro debía editarse en América, pero si ha recibido la petición de un editor inglés, tal vez sería mejor que apareciese en los dos países a la vez, pues se hace a menudo hoy día; parece que es algo nuevo, y supongo que las dificultades debidas al cambio tienen alguna relación con esto. En cuanto a la incomprensión que encuentra en los editores franceses, no hace falta que le diga que no me sorprende lo más mínimo. La mayoría de ellos no conocen absolutamente nada, excepto el punto de vista comercial; esperemos pues que la intervención de sus amigos belgas pueda facilitar una solución en este aspecto, ya que es evidente que esos editores temen, por encima de todo, realizar gastos sin tener asegurado el éxito.

Le agradezco el resumen de su última experiencia; es más interesante y precisa que la precedente, quizá porque los acontecimientos anunciados se aproximan. Es de desear que pronto veamos su realización; es ciertamente muy raro, como dice usted, que esas predicciones de orden general se verifiquen efectivamente. Los notarios y otros oficiales ministeriales son del todo desconocidos aquí, afortunadamente, por otra parte; todavía no sufrimos una administración completamente europeizada como es el caso de Turquía. Deberé pues contentarme, a la espera de los acontecimientos, con guardar su resumen en mi despacho, lo que no será menos probatorio para mí, pues su fecha es ya del todo suficiente.

Tiene toda la razón en no perder su tiempo yendo a escuchar a Krishnamurti, pues no hay nada de provecho en las vagas banalidades que vende; su origen hindú contribuye a darle prestigio entre mucha gente, pero es del todo ignorante acerca de las doctrinas tradicionales, pues ha recibido una educación exclusivamente anglosajona y, salvo durante su infancia, siempre ha vivido en Europa y América. No puedo considerarlo más que como un producto del Occidente actual.

Por supuesto que la división entre lo espiritual y lo corporal es una concepción muy moderna; su primera formulación explícita la tenemos en el dualismo cartesiano.

Seguramente la cuestión del azufre es muy compleja, pues hay aquí varios aspectos diferentes; sería interesante situarlos exactamente en relación unos con otros, pero evidentemente, no es de los temas más fáciles.

Crea, se lo ruego, en mis más cordiales sentimientos.

*

Louis Cattiaux
13 de abril de 1950

Estimado señor y amigo:

He recibido su última carta con la banda de la censura y estoy asombrado de que esto aún exista tanto tiempo después de las hostilidades. En fin, seguramente hay alguna razón para ello, que no concierne a los filósofos, ni a los metafísicos, ni a los místicos, ni a los poetas, ni a los artistas, supongo.

Le agradezco sus deseos de éxito para mi exposición. Solamente he vendido una pequeña pintura al señor d'Hooghvorst, mi nuevo amigo belga, que estaba de paso en París; en cambio, he tenido una buena crítica y he suscitado el interés de mis pares en pintura, lo cual es un signo muy bueno, pero que alimenta poco. Los grandes marchantes, sostenidos por jugadores de bolsa profesionales, han transformado a los antiguos aficionados a la pintura en especuladores de la pintura, cuyo resultado es que quien no está valorado por un grupo de aficionados a la bolsa pictórica, permanece aislado e ignorado, sea cual sea la calidad de sus producciones, mientras que los debutantes ignorantes y torpes son llevados a las cimas peligrosas para ellos, ya que no tienen las alas del talento bien enganchadas. Además de todo esto, hoy día nuestra venta depende únicamente del precio del oro, del curso de la bolsa y de las novedades políticas. Existe también una regla que nadie puede ignorar sin un fracaso seguro y el abandono de todos, que es la de pertenecer activamente a una de las asociaciones o sectas siguientes: ser judío, o resistente, o bien comunista, o pederasta, o francmasón. Evidentemente, pertenecer a todas ellas está permitido y así el éxito es más rápido y completo. Lo que se haga en pintura importa poco, lo que cuenta es lo que se hace fuera de la pintura. No recrimino, trato de distraerle de sus ocupaciones absorbentes y múltiples, eso es todo. Las huelgas han terminado más o menos y es necesario esperar a Pentecostés, creo, para asistir a la general.

¿Le he dicho ya que el barón Emmanuel d'Hooghvorst me ha ofrecido espontáneamente su ayuda financiera para la reedición de mi obra en París? Espero concretarlo y tener su acuerdo cuando vuelva de Roma, y entonces la obra podrá ser puesta en marcha enseguida. Aquí los editores no quieren saber nada de este libro, que se aparta demasiado de las normas de sus producciones habituales. ¡Sólo el editor Watkins de Londres me ha pedido, mediante un comunicado, mi trabajo en vistas a una eventual edición! Su introducción me será una ayuda extraordinaria en razón de sus muchos lectores y admiradores, y jamás podré agradecérselo como debería […].

Le envío mi siempre buen pensamiento y mi buen deseo de búsqueda en Aquel que ES.

*

René Guénon
El Cairo, 7 de mayo de 1950

Muy estimado señor:

He recibido su carta del 13 de abril con la fotografía del *Fruto de la tierra* que la acompañaba, y se lo agradezco; veo que esta obra se remonta a hace ya algunos años, lo cierto es que su aspecto es un poco extraño, aunque creo que debe tener un significado netamente «axial».

No debe sorprenderse de que aquí aún haya censura, pues si bien Europa hace ya mucho tiempo que no está en estado de guerra, aquí lo estamos siempre por no haberse firmado la paz entre Egipto y el Estado de Israel. Desde luego, esto sólo es molesto para quienes se ocupan de la política o del comercio, en cuanto a los que son como nosotros, es evidente que esto no les concierne en nada.

Es una lástima que su exposición no haya tenido resultados más fructíferos para usted respecto a las ventas, pero de todos modos debe estar contento por el interés que ha suscitado. Ya puede suponer que no estoy nada sorprendido de todo lo que me dice sobre las combinaciones financieras y demás factores que inciden sobre el éxito de los pintores, y comprendo muy bien que las consecuencias deben ser más bien lamentables.

Tanto mejor que las huelgas hayan casi terminado, pero desgraciadamente usted no piensa que esta calma pueda durar mucho tiempo; es de desear que los acontecimientos que han sido anunciados vengan pronto para terminar con todo este desorden.

Usted me había hablado de sus amigos belgas, pero no conocía el nombre del barón d'Hooghvorst; esperemos que haga realidad sus intenciones para facilitar la reedición de su libro. En cuanto a Watkins, por todo lo que sé, es un buen editor y lo que publica es, por lo general, más serio y menos «mezclado» que Rider, con quien tuve relación en otro tiempo. Ahora quien edita la traducción de mis libros es Luzac, pero está muy especializado en todo lo que se refiere a Oriente para que a usted le pueda convenir.

Le compadezco mucho por haber tenido esos disgustos domésticos; recuerdo que en otra ocasión ya me habló de ello, pero no pensaba que llegaran hasta ese punto. Por penoso que sea tener que tomar una decisión como la que está considerando, deseo que pueda darle la tranquilidad que bien seguro le sería muy necesaria.

Crea, se lo ruego, en mis más cordiales sentimientos.

*

Louis Cattiaux
París, 7 de mayo de 1950

Estimado señor y amigo:

El oficio de pintor es ingrato porque en nuestra época es contradictorio; no basta con pintar, es necesario sobre todo pertenecer a una de las cinco asociaciones fraternales siguientes, bajo pena de ser aniquilado severamente: judío, francmasón, comunista, resistente y pederasta. Estoy cansado de debatirme en esta cesta de cangrejos, y aspiro cada vez más al jardín del Edén, que espero poder alcanzar un día próximo, si Dios tiene a bien permitírmelo.

Ha llamado usted acertadamente «el odio al secreto» a ese furor por divulgarlo todo profanamente en las sociedades actuales. Se diría que es como una inmensa bacanal, como Sodoma antes de que el fuego del cielo haya destruido la ciudad impía e impúdica. Tiene usted un genio cierto para abrir los abscesos y para arrancar los velos de hipocresía del mundo moderno, y el escalpelo de su espíritu pone cruelmente a la vista todo ese hormigueo, todo ese prurito vermiforme donde la confusión llega hasta el delirio. Ahora comprendo por qué todos los que viven en esta sanies fingen no darse cuenta de sus obras desinfectantes.

Le admiro por responder a todas las cartas, es una debilidad que yo también tengo y que ahora me cuesta mucho tiempo y fatiga.

Si esos correspondientes dejaran de escribirme, eso no sería nada o poca cosa, pero lo que encuentro mortal es una correspondencia múltiple y continuada con desconocidos que exigen verdaderos cursos.

En cuanto a mis libros, espero pacientemente que un encuentro interesante se produzca. Mis amigos belgas están decididos de todas maneras a ayudarme en serio, pero quiero ahorrarles el máximo de gastos. Le adjunto el resto de los capítulos XV y XVI, que he hecho mecanografiar para usted. Me gustaría conocer sus observaciones y sugerencias fraternales, es decir, francas y sin cortesía mundana. He perdido toda susceptibilidad personal en cuanto a mis producciones, y respecto a este libro, en el que jamás he trabajado sin rezar a fin de escuchar la voz interior, puedo entenderlo todo e incluso intentar cambiar algunas formas conservando el espíritu, si esto debe perfeccionarlo más. Me regocija la idea de ver pronto su nombre inscrito en la cabecera de este trabajo de diez años, en el que he puesto lo mejor de mí mismo; su pasión por la verdad y su rectitud intransigente, su conocimiento casi completo de las tradiciones, las religiones, las gnosis y las iniciaciones hacen de usted el introductor ideal y único de esta obra, que nadie aún ha intentado analizar y aún menos condenar o alabar. Pues usted sabe que la inteligencia del hombre no es capaz por sí sola de hacerle encontrar la llave de la ciencia de Dios, contrariamente a mucha gente sabia y célebre, que cree que el hombre (es decir, ellos mismos) es capaz de salvarse por sí solo del caos de la creación mixta.

Así, Krishnamurti cree inocentemente poder resolver los problemas del mundo con su sola inteligencia, sin darse cuenta de que se encalla miserablemente en el problema esencial de la muerte y de la vida mezcladas aquí debajo de una manera inextricable.

Sus golpes de garrote son de alguna forma bienhechores y redentores. Y su obra es un orden en medio del desorden general, es el buen combate que no quedará sin recompensa, ¡puede estar seguro! Quiero hablarle de esta recompensa que es el misterio de la desunión y de la reunión de lo espiritual y de lo corporal del que me habla, misterio de la vida rencontrada en su plenitud primera.

He retomado el curso de mis creaciones pictóricas herméticas sin preguntarme quién podrá comprarlas entre la muchedumbre de aficionados ignorantes que pueblan la bolsa de la pintura. Sólo que he puesto un precio que llame su atención, pues para ellos esto es lo único que cuenta. Sé que 1950 es para mí un año de «comienzo social» y de realización material, y que los años siguientes harán aumentar la cosecha hasta el absurdo. ¡El mismo absurdo en riquezas que el que he sufrido en pobreza! Pero ahora esto no podría aplastarme, pues aspiro al reposo, es decir, a la alabanza y a la meditación en Dios hasta el contentamiento íntimo de la eternidad.

Aquí el tiempo es siempre frío y todo el mundo está huraño y enfermo. Soporto muy mal el frío fuera de estación y aspiro a los climas cálidos, donde me siento mucho más a gusto. Esto puede ser debido a mi herencia de sangre española, de cuando la ocupación de Flandes bajo Luis XIV. Mis gustos, mis pensamientos, mi comportamiento son más bien orientales, lo cual choca a mi entorno y siempre le asombra, pues sólo considera mi origen valón y flamenco.

He pensado que la cuba de la habitación del rey de la gran pirámide debía ser una cuba de bautismo en el agua «real» del Génesis para la «renovación efectiva de ciertos grandes adeptos que formarían los "vivientes" en alguna parte del mundo».

Le envío mi siempre buen y amigable pensamiento.

*

Louis Cattiaux
París, 17 de mayo de 1950

Estimado señor y amigo:

El libro XVII que adjunto concluye con 144 letanías a la Madre y 111 letanías al Padre *El Mensaje Reencontrado,* del cual me alegro estar liberado en lo que concierne a la redacción. Lo he presentado a la Cooperativa del Libro, y quizá con el apoyo financiero del barón Emmanuel d'Hooghvorst, la edición y la distribución serán posibles. Emmanuel d'Hooghvorst, que posee una cultura grecolatina muy amplia y bastante profunda, parece particularmente predispuesto para el estudio del hermetismo. Creo que pertenece a una logia y tiene el don de los sueños curiosos y misteriosos. Tengo la impresión de que la iniciación que dan las logias, como la que da la Iglesia, se han debilitado, velado y dispersado hasta el extremo, o bien debemos creer que los individuos que las reciben son cada vez más ineptos para beneficiarse de ellas. Los individuos que he conocido hasta ahora me han parecido tan entenebrecidos como antes de su iniciación y a veces, mucho más, y además sus poderes son nulos. No obstante, sus símbolos se refieren a una verdad muy cierta y sus ritos corresponden a una vía experimentada, pero esos iniciados no parecen ultrapasar nunca las apariencias de la enseñanza recibida. Usted debe conocer mejor que yo esta cuestión, como muchas otras cosas. Espero, con el permiso de Dios, poder escucharle algún día sobre esto.

Espero su introducción con paciencia y rezo a fin de que sea usted inspirado directamente por el Espíritu. Puede permitírselo casi todo con esta obra y conmigo mismo sin que protestemos, y esta certeza debe aumentar el sentimiento de libertad espiritual que le es querido.

Había olvidado completamente que Egipto aún está en guerra con Israel. Mi amigo Joseph de Saint Phalle está terminando una obra sobre el José de la Biblia, amigo del Faraón, y cree haber identificado su momia. Le haré llegar un ejemplar cuando la obra aparezca si lo desea.

He remprendido la ejecución de pinturas herméticas más importantes, pues es mi verdadera vía pictórica, reservando los paisajes para la venta ordinaria. Siempre con dificultades financieras, pero también con signos de un mejoramiento posible. Tal vez los próximos acontecimientos de Pentecostés me serán favorables en este sentido.

Watkins aún no me ha contestado y temo mucho que la cosa no le interese suficientemente. [...] Probablemente en Navidad conoceré el resultado de una investigación importante proseguida desde hace mucho tiempo. Si este resultado concuerda con mi esperanza, todo estará resuelto para mí y se lo haré saber. Estamos verdaderamente en las manos de Dios. Algunos lo creen, pero muy pocos lo saben, y uno sólo lo experimenta alguna vez.

Le envío mi siempre buen pensamiento.

*

Louis Cattiaux
París, 16 de junio de 1950

Estimado señor y amigo:

El Señor Watkins, el editor de Londres, examinará próximamente mi libro con detalle para una posible edición en inglés; no falta más que su introducción para que la obra sea completa. Sé que está desbordado de trabajo y de correspondencia, y el hecho de pedirle un aumento de su esfuerzo me avergüenza. Me gustará igualmente conocer las observaciones, críticas y rectificaciones que juzgue útiles hacerme sobre esta obra, en la cual continúo trabajando sin descanso, como se talla una piedra dura y preciosa. Su erudición única le cualifica para poner de manifiesto los errores, en cuanto al fondo y a la forma, que podrían haberse deslizado en este texto concentrado en extremo. Pongo de relieve que, por desgracia, corrijo, y le pido su ayuda fraternal para ayudarme en este trabajo ingrato, abusando así de su buena voluntad, pero no sé verdaderamente quién podría remplazarle en esto.

Temo que los acontecimientos anunciados sucesivamente lleguen en bloque, como se produjo antes con los ocurridos en la presa de Génissiat. En este tipo de visiones, las fechas son poco seguras, sin embargo las cuatro primeras se han realizado con precisión y pienso que ésta debe seguir el mismo camino. El problema es que la cosa ocurrirá en el momento en que menos se espera, como en Génissiat que, anunciado para setiembre, se realizó en el mes de marzo siguiente.

He de cambiar de pintura y de nombre para intentar sobrevivir en este mundo, donde la pobreza está rigurosamente prohibida. Así, voy a comenzar a pintar paisajes, flores, niños, vaya, cosas amables, con el nombre de Ghislain, que es mi segundo nombre; y reservo mi nombre usual para firmar las obras místicas y herméticas imposibles de vender, por así decirlo. Espero de esta manera contentar a un mayor número de eventuales compradores y disminuir sensiblemente mis precios. He intentado no firmar mis pinturas, pero esto hoy día no es admitido por nadie.

Le pido que sea paciente conmigo y fraternal en Aquel que ES.

Le envío mi siempre buen pensamiento.

*

Louis Cattiaux
París, 1º de julio de 1950

Estimado introductor y amigo:

Me ha venido al espíritu titular la nueva edición de mi libro *La Esencia, la Sustancia y la Mugre*, así como suprimir todo nombre de autor a fin de no distraer a los lectores y llevarlos a considerar solamente a aquel que ha dictado esta obra y no a aquel que la ha escrito. Espero que no vea ningún inconveniente en esto y que quiera igualmente presentar este trabajo con la alta autoridad de su persona perfectamente informada.

Me alegrará conocer cuál es su opinión y tener su introducción, pues ahora mis amigos belgas me dan prisa para que salga esta obra, que parece felizmente terminada.

Soy muy sensible a las influencias ocultas, y me parece que usted se siente, desde hace poco, algo molesto respecto a esta obra. Tal vez podría aclararle, si lo desea, estas contrariedades que se le han presentado, si me dice cuáles son. Espero que no sea por causa de una carta de un amigo común que me habría perjudicado ante usted, lo cual no me extraña en modo alguno. De todas formas, espero que tenga la gentileza de informarme francamente en el caso de que mi presentimiento no me haya engañado.

Le envío mi siempre buen pensamiento el Aquel que ES.

P. D.: Los acontecimientos anunciados parecen ahora próximos.

*

René Guénon
El Cairo, 20 de julio de 1950

Muy estimado señor:

Acabo de recibir su carta del 1º de julio y estoy confundido al constatar que tengo aquí otras tres a las que aún no he respondido; le pido que me excuse, pues verdaderamente no es culpa mía. En estos últimos tiempos hay tanto desorden en el correo que no sé cómo solucionarlo; un gran número de cartas que parecían perdidas me han llegado todas de golpe y con retrasos increíbles (¡unas que fueron enviadas por avión han tardado de 2 a 3 meses!). Nunca habíamos llegado a este punto, y ahora no sé cómo ponerme al día con toda esta correspondencia. Sus cartas del 7 y del 17 de mayo me han llegado juntas en medio de una cincuentena; además he recibido la del 16 de julio la semana pasada, y ayer la del 1º de julio, como le he dicho.

Debo decirle francamente que, en el nuevo título que piensa para su libro, el empleo de la palabra «mugre» no me parece afortunada porque quienes lo verán no comprenderán en qué sentido usted lo entiende, de manera que les perecerá una trivialidad. En cuanto al anonimato, tal vez sea una buena idea; en todo caso, por mi parte siempre he sentido un cierto pesar por no haberlo hecho así, ya que esto seguramente me hubiera evitado muchos disgustos.

Contrariamente a lo que teme, nadie me ha escrito nada contra usted; puede estar del todo tranquilo sobre esto. Sin embargo, es cierto que, como piensa, experimento cierta molestia, aunque es por otras razones que no tienen nada que ver con usted ni con su libro, la primera de las cuales es la dificultad creciente que tengo en llevar a término todo lo que debo hacer, lo cual me resulta descorazonador; piense que no logro encontrar tiempo para leer un solo libro, que se acumulan delante de mí y muchos me han sido enviados por sus autores, que esperan que les haga una reseña. Hay además una razón de orden general: una introducción firmada por mí constituye, de alguna manera, un precedente que haría muy difícil declinar peticiones parecidas que me fueran hechas en adelante. Le confieso que al principio no pensé en ello; si esta idea me ha venido ahora es porque me han pedido un prefacio para una obra que, en su conjunto es interesante, pero que contiene sin embargo cosas discutibles, de las cuales no deseo asumir la responsabilidad. De hecho, no sé cómo hacerlo, y me pregunto si no hubiera sido mejor haberme abstenido por principio de todo asunto de este tipo, lo cual sería tal vez el único medio de no herir a nadie; francamente, esto es lo que ocurre, y le pido que me diga lo que opina sobre esta situación, poniéndose en mi lugar como si la cosa no fuera con usted.

Es una pena que se vea obligado a cambiar de pintura y ponerse a pintar cosas más o menos indiferentes, pero comprendo muy bien la necesidad de hacerlo; le deseo solamente que esta ocupación no le cause demasiado tedio. Esto me recuerda que usted ya no habla de aquel medicamento, del que esperaba obtener recursos apreciables; ¿ha renunciado a ello?

En efecto, los acontecimientos anunciados se hacen esperar un poco, pero no me sorprende demasiado, pues pienso, como usted, que en estos casos, las fechas exactas son imposibles de determinar. Pero ¿qué hay de los otros acontecimientos sobre la presa de Génissiat, a los cuales hace alusión? No sé en absoluto de qué se trata (hay que decir que jamás leo los periódicos) ni sé dónde pueda encontrarse una localidad con este nombre).

Me doy cuenta de que aún no le he acusado recibo de los últimos capítulos de su libro, adjuntos a las cartas de los días 7 y 17 de junio; también me excuso por ello.

Respecto a lo que me decía del barón d'Hooghvorst, conozco la historia de esta logia pitagórica, también llamada Orden de Hermes Trismegisto. A pesar de usar el término «logia», esta organización no tiene nada en común con la masonería, como tampoco las logias de la Sociedad teosófica, del Martinismo, etc. No tiene ninguna filiación auténtica y no es más seria que otras innumerables organizaciones pseudoiniciáticas que pululan en nuestra época. Su actual jefe, el abogado Jean Mallinger, parece que está animado por un odio violento contra mí; huelga decir que no me sorprende nada ni tampoco me afecta; he aquí un ambiente en el que una introducción mía no podría más que perjudicarle, y me pregunto si el mismo barón d'Hooghvorst no corre el riesgo de ser influenciado por dichos medios; habría que pensar también en esto.

Tengo mucha curiosidad por ver la obra de su amigo A. de Saint-Phalle (este nombre me recuerda algo, aunque muy vago); si tiene a bien enviármela cuando aparezca, de antemano se lo agradezco vivamente. A decir verdad, a priori la momia de José me deja más bien escéptico; a menudo hay mucha imaginación en todo lo tocante al antiguo Egipto, del que realmente no sabemos gran cosa desde el punto de vista tradicional.

Le compadezco de tener, también usted, una correspondencia voluminosa; desgraciadamente, es de temer que todo lo que pueda responderse a tantos desconocidos no sirva para gran cosa, pues demasiado a menudo las preguntas que hacen no indican una gran comprensión.

Aquí tenemos ahora un calor muy intenso que es un poco fatigante: sin duda es para compensar el frío poco común del último invierno; a pesar de todo, prefiero esto que el frío.

Crea siempre, se lo ruego, en mis sentimientos más cordiales.

*

Louis Cattiaux
París, 1º de agosto de 1950

Estimado señor y amigo:

Comprendo que esté desbordado por su correspondencia, pues a causa de un artículo muy fantasioso publicado en un diario importante, también yo me veo invadido de cartas y de peticiones de información. Está usted del todo excusado por no responder inmediatamente a mis cartas y, si lo desea, puedo espaciar nuestra correspondencia y reservarla para lo esencial de nuestros intercambios. Respecto al nuevo título, se trata sobre todo de un subtítulo, lo cual tiene menos importancia, aunque su reflexión sobre la «mugre» es muy pertinente. No obstante, ¿cómo llamar a este elemento de muerte que se ha introducido accidentalmente en la creación de Dios y que ha polucionado la vida pura del comienzo? Este subtítulo puede ser suprimido sin inconveniente, pero me alegra saber que aprueba la idea de firmar únicamente con mis iniciales, de manera que pueda tener la paz tan deseada.

También me alegra que nadie le haya escrito sobre mi persona, aunque he intuido su nueva orientación, ha sido literalmente «sensible» para mí.

A priori sus razones me parecen débiles, pero por encima de todo deseo que permanezca libre para hacer lo que mejor le convenga.

Una introducción no debe ser necesariamente un elogio de la obra presentada y usted puede perfectamente, en el caso que me señala, hacer las reservas que juzgue indispensables, verá perfectamente si el autor le aprecia lo suficiente como para aceptar e imprimir su pensamiento, aunque sea en detrimento de su propia obra. Esto no sería un impedimento para mí, aunque es cierto que esta forma de hacer no es aceptada por todos.

Me permito señalarle que *El Mensaje Reencontrado* no es una obra común, y que la inteligencia y la razón humanas, que tanto brillan en los trabajos actuales, están ausentes de mi libro. Estoy forzosamente apenado de que, después de haber accedido a hacer la introducción, haya cambiado de parecer, aunque lo acepto todo con serenidad desde que logré tomar contacto con Aquel que no cambia. Hay también una razón importante, que usted debe considerar atentamente: saber si esta obra hará honor a su firma, no solamente en el presente, sino también dentro de doscientos años, o dentro de mil años, y usted debe ser exigente únicamente en esto.

Le hace falta una ayuda para examinar su correo y para contestar a las cartas, como también para examinar los libros que le son enviados, pues pronto no dará abasto y será sumergido por el absurdo. Tal vez esto sea útil para ambicionar la ermita, la soledad y la oración, que también yo tanto espero.

En resumen, le pido una introducción para una obra extraordinaria, en el sentido de que ha sido escrita bajo la inspiración de Dios y que no tiene pretensión alguna frente a la inteligencia y a la razón de los hombres, y esto puede justificar que haga usted en este caso una única excepción, sin que se enfade la gente inteligente e instruida que lo demuestran todo y que no dan nada.

En fin, vea en usted mismo lo que debe hacer, y si la voz interior no le impulsa formalmente (y solamente ella), no hay que forzar la naturaleza. Ciertamente, su introducción puede ayudar a mi obra, pero no puede cambiar nada de su destino final. Le digo esto a fin de que se sienta completamente libre para hacer lo que mejor le parezca, con la seguridad de que no me ofenderá. Probablemente está escrito, como el resto, y la sabiduría es saber aceptar lo que viene y dejar ir lo que se va.

El anuncio del que le hablé fue hecho el 22 de julio de 1948 y trataba de la destrucción parcial de la gran presa de Génissiat, en el Rhône, destrucción parcial que ocurrió el mes de marzo de 1949. No me sorprende lo que me dice de las logias que, a partir de lo que conozco de ellas, me parecen fantasiosas. Jean Mallinger ha escrito algunos errores monumentales en su obra *Pythagore et les Mystères*, y usted debe haber puesto el dedo en la llaga; sin duda es por eso que no le soporta. En cuanto a saber si su nombre me beneficiará o perjudicará en esos medios, es lo que menos me preocupa, créame. Emmanuel ha encontrado aquí otra cosa que le ha interesado más, y que todas las logias reunidas no podrían darle, y ha escogido como debía sin ninguna vacilación. Los acontecimientos parecen estar cerca, y de todas maneras, el fin no está lejos.

Le envío mi siempre buen pensamiento en Aquel que ES.

P. D.: Le adjunto un manifiesto[13] para distraerle un poco de su correspondencia seria.

---

13. *Véase* el anexo 6.

René Guénon
El Cairo, 4 de octubre de 1950

Estimado señor:

Me excuso por responder con tanto retraso a su carta del 1º de agosto; la verdad es que no consigo de manera alguna tener mi correspondencia más o menos al día.

Supongo que el artículo del que me habla ha aparecido en el *Journal du Dimanche*, el cual, por otra parte, me han enviado, de manera que lo he recibido casi al mismo tiempo que su carta. Debo decirle que me ha sorprendido mucho, en principio porque sé que esta publicación se dirige a un público de nivel muy inferior; también porque esta forma de anunciar su libro no concuerda en nada con la intención de hacerlo aparecer de forma anónima y finalmente, y sobre todo, por lo que dice sobre mí al final, que contiene casi tantos errores como palabras. Quiero creer que dichos errores son debidos a la fantasía habitual de los periodistas; si no he enviado una rectificación o no he puesto las cosas en su sitio es porque he pensado que el diario en cuestión no lo merece y que, por otra parte, mi nombre debe ser del todo desconocido por la mayoría de sus lectores, por no hablar de mis obras, que ciertamente no están a su alcance. Debo añadir que, incluso si se hubieran dicho cosas exactas, no me habría sentido menos contrariado, pues siempre he creído que nada de lo que se refiere a mí personalmente le importa al público, y siempre me he negado rotundamente a suministrar a nadie incluso la información biográfica más inofensiva. En estas condiciones, creo que comprenderá que este tipo de indiscreción no me anima a darle satisfacción acerca de lo que me ha pedido…

Hay también en su carta, algo que, por decirlo francamente, me parece bastante inquietante; es cuando habla de su libro como «escrito bajo la inspiración de Dios». Hay ciertamente varios tipos de inspiración, e incluso la que viene de los mundos superiores no es por eso forzosamente divina, pues existen todavía una multitud de grados intermedios; de hecho, solamente los libros sagrados de las diferentes tradiciones son verdaderamente inspirados por Dios, y no debe haber ningún otro profeta hasta el fin del ciclo actual, que por lo demás, quizá no esté demasiado alejado… Por otra parte, si considera que su libro es inspirado, ¿cómo es que se ha atrevido a hacer a posteriori adiciones y modificaciones? Hay también algo aquí que le confieso que no entiendo…

Dice usted que una introducción no es necesariamente un elogio de la obra presentada; tal vez en cierto modo sea verdad, pero entonces no veo muy bien qué ventaja puede suponer para la obra. En cuanto a otras consideraciones, como la de saber si puede «hacer o no honor a mi firma», le aseguro que me son del todo ajenas, pues no tengo nada de escritor profesional… y profano; nunca he tenido más pretensión que la de exponer fielmente lo que conozco de las doctrinas tradicionales, sin poner de mí otra cosa que la forma de expresión, y me hubiera gustado vivir en una época en la que aún era posible y casi normal publicar libros sin firma. Pero es precisamente esta situación excepcional de hoy día la que me obliga a una prudencia muy especial en todo lo que hago, porque en realidad no es a mí a quien atañe realmente, lo cual en el fondo tendría muy poca importancia…

La actitud hostil de J. Mallinger hacia mí se manifestó mucho antes de tener la ocasión de hablar de sus libros; por otro lado, no hay de qué sorprenderse, pues la verdad es que el odio contra mí de todos los medios ocultistas se remonta a hace algo más de 40 años.

Le agradezco la explicación sobre la presa de Génissiat; jamás oí hablar de ella, vea hasta qué punto estoy poco al corriente de lo que sucede en Europa…

Crea, se lo ruego, estimado señor, en mis más cordiales sentimientos.

*

Louis Cattiaux
París, 21 de setiembre de 1950

Estimado señor y amigo:

Nuestro amigo común J. Chauvet me ha comentado su disgusto acerca de un prefacio que hizo, y me ha hablado de los ataques de P. le Cour y otra gente pequeña del esoterismo.

Comprendo que usted no esté blindado como yo contra los ladridos de los mediocres, que no acepte serenamente las injurias y los escupitajos de los impotentes y de los réprobos. Sin embargo son ellos quienes, sin saberlo, engastan las perlas de las coronas de los santos y de los sabios de todos los tiempos.

Lo que dicen tiene poca importancia si nuestra obra es santa y conforme a la revelación del Único. ¿Qué piensa usted de ello?

De todas maneras, debo confesarle humildemente que los innumerables obstáculos que se oponen, desde hace años, a la aparición de mis obras, terminan por cansarme y estoy a punto de echarme al suelo y esperar una señal evidente de la Providencia del Señor. Así, le devuelvo de buena gana su palabra, si juzga que no debe hacer una introducción para *El Mensaje*, absteniéndome de criticarlo, pues soy ciego, o todo lo más, tuerto en dos terceras partes en este mundo entenebrecido. Por tanto, si no tiene una señal evidente y significativa, sea por medio de un sueño o en la vigilia, es mejor esperar o renunciar a esta presentación.

Hay personas que se burlan de la existencia de Satán porque nunca han sido las víctimas de sus empresas. En cuanto a mí, no me río en absoluto desde que topo con este muro invisible pero ponderable, y rezo para que se aparte de mi ruta según el buen querer de Aquel que conoce nuestros corazones y el fin de nuestro camino aquí abajo.

Le agradezco el interés que ha querido testimoniar por mi trabajo y le envío mi siempre buen pensamiento en Aquel que ES.

*

René Guénon
El Cairo, 10 de octubre de 1950

Estimado señor:

Su carta del 21 de setiembre me ha llegado poco después de que contestara a la precedente. Sobre lo que me dice del Señor Chauvet, es del todo exacto que siempre hubo, y que todavía hay contra mí, numerosos ataques de todo tipo; pero como hace ya algo más de 40 años que duran, debería usted pensar que ya estoy habituado a ello desde hace mucho tiempo, aún más de lo que pueda estarlo usted y que, por otra parte, todo esto no puede afectarme personalmente. Si desgraciadamente no puedo desinteresarme de ello pura y simplemente es porque no soy yo el objetivo, lo cual importaría poco, sino aquello que yo represento mal que bien; es por eso por lo que me veo obligado a responder como lo hago, y esta manera de defensa, como también muchas otras cosas, forman parte integrante de mi trabajo, que seguramente no tiene nada en común con el trabajo de un «hombre de letras». [...] Es cierto que algunos de los personajes de los que me habla pueden parecer ellos mismos bastante insignificantes, pero no puede decirse lo mismo de aquello que los impulsa, la mayoría de las veces sin ellos saberlo; ya que habla usted de empresas satánicas, puedo asegurarle que, en este campo, ¡he visto cosas poco comunes! Siempre me sorprende ver cómo tan pocas personas comprenden las verdaderas razones que tengo para actuar de tal o cual manera, y me atribuyen fácilmente las que se dan en el mundo profano y que están del todo alejadas de mí desde todos los puntos de vista. He aquí todo lo que pienso sobre esto; evidentemente, la verdad no tiene nada que ver con eso.

El prefacio al que el Señor Chauvet ha hecho alusión, en realidad nunca apareció, pues lo retiré a tiempo, desde que obtuve el resultado que esperaba de ello; esto no impide que algunos hablen del mismo siempre que tienen ocasión, como si pudieran saber por qué lo había escrito.

Referente a los sueños, debo decirle que jamás les he prestado la menor atención; conozco muy bien la mezcla de elementos psíquicos más o menos heteróclitos que de ordinario intervienen en ellos, y como no tengo el interés ni el tiempo para desembrollar ese caos, prefiero dejarlo por lo que vale y no ocuparme de ello. Es un poco como, en otro orden de ideas, los enigmas criptográficos; tal vez no estén desprovistos de interés, pero cuando no se tiene otra cosa que hacer...

Crea, se lo ruego, estimado señor, en mis más cordiales sentimientos.

*

Louis Cattiaux
París, 10 de octubre de 1950

Estimado señor y amigo:

Mi presentimiento no me había engañado, hay que resignarse a lo que es posible y no forzar nada aquí abajo.

Así, es usted libre como el aire, sin que por ello mis sentimientos cambien respecto a usted. Ese artículo idiota del que me habla es debido a la imprudencia de un poeta que, con la pretensión de hacer un artículo sobre mis investigaciones pictóricas, ha creído conveniente, mezclar todo lo que ha podido interceptar sobre mi libro y algunas otras cosas que han sido luego remezcladas en una ensalada horrible por la redacción del periódico, y me pregunto cómo es que su nombre ha podido verse mezclado con este galimatías. Al igual que usted, he pensado que es mejor no hacer rectificar nada, pues es inútil. Debo confesarle que me es indiferente ser presentado de forma tan ridícula, y un reportaje hecho por un amigo, que debe aparecer en una gran revista ilustrada, sin duda será el colmo de la bufonada, y ni siquiera he pedido verlo antes, de tan indiferente que me es la cosa. Sin embargo, tiene algo de bueno, que es alejar a la gente que se toma demasiado en serio en este mundo deformado y tuerto. Debo decir, para gran sorpresa mía, que la mayoría de mis amigos han encajado el golpe del último artículo sin flaquear, mientras que me habría inquietado una manifestación así que viniera de otro. Usted se vería absolutamente comprometido, a sus ojos y a los de sus amigos, si presentase a un autor tan poco preocupado por su respetabilidad como yo, y vale más no comprometerle en esta vía, que no podría causarle otra cosa que humillación y pesar. En lo que me concierne, habiéndome puesto en las manos de Dios, me esfuerzo en recibir las flores y los escupitajos conservando los ojos fijos sobre mi Señor en mi corazón, a fin de evitar alegrarme o entristecerme demasiado.

Permítame trascribirle este versículo 35 del Libro XVII,[14] que ilustra bien todo eso: «Nos llamaremos incapaces, inútiles y estúpidos cuando reposaremos en la contemplación del Único; o bien, nos llamaremos charlatanes, malabaristas y payasos cuando enseñaremos su santa ley en el mundo. Así, nadie podrá injuriarnos ni mancharnos, y la puerta permanecerá cerrada para los orgullosos, los hipócritas y los mediocres».

No me incumbe, evidentemente, convencerle si el texto del libro no le convence, y ya imagina que sería incapaz de

---

14. En la versión definitiva corresponde al Libro XX, versículos 66 y 67.

intentarlo, de lo poco que me pertenece mi papel, y por lo mucho que este texto me ha sido impuesto en su esencia, si no es en su forma estrecha. He dicho bien que esto me ha sido y aún me es inspirado por Dios, pues siendo de natural perezoso y contemplativo, ha sido necesaria una energía sobrehumana para activarme hasta el punto de hacerme escribir esta obra con esta forma concisa y doble, la cual jamás habría podido encontrar solo. No oigo voces, sino que es el impulso de dentro que me toma bajo el golpe de una alegría o de un dolor, que viene de la meditación o de un acontecimiento exterior, y que me es necesario transcribir refiriéndome constantemente al comienzo y al final metafísico de toda cosa. Piense que esto me ha valido el desprecio de mis próximos, que me consideran como un holgazán irreductible, y el odio de mi compañera, que piensa que pierdo el tiempo en tonterías que no me aportan nada, en lugar de trabajar seriamente, como todo el mundo, para mantener mi casa. [...]

Le explico algo de mi vida porque, siendo más sabio que yo, podrá extraer conclusiones que le llevarán a perdonar esta intrusión imprudente en su vida apacible y retirada del mundo. Comprenderá que no había en ello ninguna trampa ni voluntad alguna de disgustarle o perjudicarle.

Las correcciones del texto han venido naturalmente a mi espíritu al mismo tiempo que los nuevos capítulos, y sería necesario que pudiera ver los sucesivos borradores para darse cuenta del cuidado y de la dificultad que tengo antes de lograr la forma que conviene al sentimiento y a la armonía interiores que me guían. Releyendo con el ojo fresco es como, de golpe, encuentro la forma definitiva y la palabra exacta. Pero no puedo escoger los momentos de esta inspiración que, después de un tiempo determinado, a veces largo, a veces corto, desaparece y reaparece de una manera imprevisible y a menudo desconcertante, pues en esos momentos me es imposible pintar o hacer cualquier otra cosa, lo cual irrita especialmente a mi compañera y que me pone al límite, pues no es culpa mía, a pesar de lo que ella piensa.

¿Quién se ha atrevido jamás a llamarse profeta sin la orden expresa de su Señor en su corazón y contra su propia voluntad? ¿Cree usted que es un estado agradable y ventajoso ir al encuentro de los abucheos, de las burlas y de los golpes, a no ser que se sea loco delirante y paranoico declarado? Usted mismo, a pesar de su moderación y de su juicio aguzado se rebela, y es normal, y yo ciertamente haría lo mismo por quienquiera, pero aquel que sabe que no se escoge a su Señor, sino al contrario, que es él quien te escoge como el águila que se lanza sobre su presa, ésta tiembla bajo el peso del Único y recibe todos los desmentidos del mundo sin poder escapar ni protegerse. Así, he pensado en huir a los Pirineos Orientales, ahora que mi trabajo parece terminado, y buscar un empleo anónimo y humilde a fin de sustraerme a toda esa gente que me importuna cada vez más y que me agobia con su necedad presuntuosa. ¿Tal vez este libro es para el nuevo ciclo? No lo sé, pero querría respirar tranquilamente como cualquiera, cambiar de nombre y de lugar, lo cual quiero esforzarme en realizar dentro de poco. Así, no se inquiete más respecto a esa introducción que le he pedido inconsideradamente y demasiado a la ligera.

Le pido solamente que me devuelva, si tiene a bien, los capítulos XV y XVI, de los que poseo un solo ejemplar, pues el precio de la dactilografía es muy caro para mi presupuesto esquelético del momento.

Hablando de lo que podría hacer honor a su firma, he querido hablar del interés intrínseco de la cosa presentada por usted, que después de todo es lo que, supongo, cuenta para usted. No conozco al Señor Mallinger, de quien me dicen que es un «hombre honesto», lo cual tal vez no es suficiente para hablar de esoterismo. En cuanto a los medios llamados «ocultistas», lo poco que he podido conocer de ellos ha hecho que los considere como un nido de víboras, del todo alejados del amor de los niños de Dios, de los que me mantengo cuidadosamente alejado, viviendo solamente con el consuelo de fulgurantes y torturantes inspiraciones de lo que llamo mi Señor de dentro del corazón.

Así, estimado señor y amigo, siga la fortuna del libro como yo mismo quiero hacerlo, esperando que Aquel que ha querido dictarlo decida hacer con él lo que quiera. Esto me es bastante indiferente, siempre y cuando tenga derecho a la paz y al reposo a los que tanto aspiro.

Le envío mi siempre buen pensamiento en Aquel que ES.[15]

*

---

15. Esta carta quedó sin respuesta.

ANEXOS

Anexo 1

Homenaje a René Guénon[1]

Conocí tarde a René Guénon, a través de James Chauvet quien, habiéndole hablado de mi libro *El Mensaje Reencontrado*, me aconsejó enviárselo. René Guénon, primero sorprendido y después interesado en encontrar en Occidente una rama de la tradición primordial, que creía del todo desaparecida aquí, tuvo a bien publicar una reseña bastante elogiosa en la revista *Études Traditionnelles*, contrariamente a lo que acostumbraba, que consistía en demoler este tipo de obras. Entonces se estableció una correspondencia libremente, basada en una estima recíproca y en un juicio concordante en lo concerniente a la profanación invasora del mundo moderno y al oscurecimiento paralelo de la revelación primordial.

De forma excepcional, René Guénon había aceptado escribir una introducción para mi obra, que habría felizmente completado el bello prefacio escrito por Lanza del Vasto, pero la muerte aparente ha venido a contrariar este

---

1. Artículo necrológico publicado por Louis Cattiaux en 1951, en la revista de poesía *Le Goéland*, de Théophile Briant.

proyecto; y no he podido obtener ninguna noticia de Gizeh, donde reposa bajo la media luna luminosa, tan bien servida en su obra. Es, en efecto, con un verdadero espíritu de luz que ha desembrollado el caos de las revelaciones, de las iniciaciones, de los ritos y de los símbolos extrañamente mezclados, y que se ha aproximado a esta fuente de vida que es la tradición primordial, herencia desconocida, pero muy preciosa, de la humanidad oscurecida por la caída.

Verdaderamente, ha preparado las vías del Señor recordando la trascendencia universal de la revelación divina y denunciando sin jamás desfallecer las dos perversiones de la Ciencia de Dios, es decir, el ocultismo tenebroso y, por otra parte, la ciencia profana que sumergen al mundo actual. En estas condiciones, no debemos extrañarnos si su obra ha sido sistemáticamente silenciada durante 40 años por los profanos, así denunciados como tales; sus títulos de sabios, de filósofos, de iniciados, de literatos, eran para René Guénon todo lo contrario a una cualificación por la aproximación a la verdad Una. Pero la obra de depuración, la obra de ordenación, la obra de restitución permanece más clara que nunca, y el número de quienes se nutren de ella aumenta cada día, mientras que el número de los oscuros chupatintas que piensan enterrarlo disminuye rápidamente. Esto será para ellos un asombro aún más considerable que el descubrimiento de la ignorancia, de la mala fe de la gente actualmente instalada que no recibe un mensaje así. Nuestra época no puede estar orgullosa de esta supuesta elite, cuyos pensamientos y acción delirantes abocan al caos inextricable que amenaza al planeta. René Guénon lo denuncia y lo vomita con sus obras satánicas como se escupe el veneno, y pronto miles de personas avisadas también los vomitarán, después centenares de miles, luego millones, pues los pueblos comienzan a rugir sordamente contra ellas, y sus eslóganes embrutecedores provocan los sarcasmos de los más inteligentes y la cólera de los otros.

En un tiempo donde la multitud de superretorcidos de la inteligencia nos lo explica todo, nos lo embrolla todo y no nos da nada, es reconfortante encontrar un hombre honesto que se ha esforzado toda su vida en liberar el corazón de la revelación divina, de las inmundicias que lo recubren por todas partes.

René Guénon no ha muerto y su obra tan sólo acaba de llegar al mundo; a pesar del extraordinario pudor que siempre manifestó por todo lo que concernía a la divulgación de su personalidad, no pienso traicionar su pensamiento dejando que se exprese a través de algunos fragmentos de sus cartas en este periódico amigo. Habiendo constantemente iluminado la fuente de la vida revelada, es justo y conveniente que la vida lo ilumine ahora con su dulce y verídica luz.

Anexo 2

Reseña de René Guénon sobre *El Mensaje Reencontrado* de Louis Cattiaux, publicada en *Études Traditionnelles*, en setiembre de 1948

Este libro se presenta a primera vista bajo una forma singular e incluso inusitada: cada uno de sus capítulos está dividido en dos columnas paralelas que contienen dos series de aforismos o de versículos separados que se corresponden una a otra. Es evidente que, en estas condiciones, es imposible hacer un análisis o algún tipo de resumen; por otra parte, de alguna manera parece más bien hecho para proveer temas de meditación, que no para ser leído de forma seguida, de principio a fin. Hay que decir también que la correspondencia entre los versículos de las dos columnas no aparece siempre clara; pero lo mejor es que reproduzcamos la explicación que el propio autor ha querido darnos al respecto: «Las dos columnas han aparecido naturalmente, como la réplica de la Tierra y del Cielo y de su necesaria unión, en lo cual consiste todo el misterio de la encarnación de la vida y de la toma de conciencia de aquel que la habita. Así, la columna de la derecha es una equivalencia, pero no una explicación, de la columna de la izquierda; y examinando los sentidos múltiples de estos versículos dobles, se les puede unir por medio de la síntesis del misterio primero de la creación, siempre más o menos presente por la virtud del sentido "alquímico"». La multiplicidad de sentidos no es intencionada, «sino que deriva por generación natural de la raíz madre», es decir, del sentido alquímico, que el autor considera el sentido central y último de su obra. Si lo hemos comprendido bien, ésta habría sido escrita bajo una suerte de inspiración, y por eso contiene más de lo que expresamente ha querido, aunque seguramente sea difícil determinar la parte exacta de cada uno de los dos elementos que han colaborado en ella.

En todo caso, en estas condiciones no podemos decir que pertenezca propia y efectivamente a una tradición definida; pero por lo menos las tendencias que se expresan en la obra son, de forma general, las del hermetismo, y más concretamente del hermetismo cristiano. Decimos de una forma general, pues si entramos en el detalle percibiremos que ciertas cosas, conscientemente o no, parecen venir de otra parte; así, hemos observado algunos versículos que recuerdan, de forma bastante sorprendente, ciertas máximas taoístas, y éstas no son ciertamente las menos dignas de interés. Sea como fuere, la importancia primordial que el autor da al sentido alquímico define bien la «perspectiva» del conjunto y marca también los límites, que no son otros que los del propio punto de vista hermético. Debemos añadir que, aquí y allá, se encuentran ciertas «rarezas» del tipo que figuran casi siempre en los escritos vinculados a las formas occidentales del esoterismo; así, los títulos de las columnas de la izquierda están todos formados por una serie de anagramas a partir del primero, lo cual produce un efecto bastante curioso; pero lo más enojoso, a nuestro parecer, es que ciertos enunciados se presentan de una forma enigmática, que nos parece verdaderamente muy poco útil; por otra parte, no insistiremos más sobre este defecto, pues sabemos que el propio autor se ha dado cuenta de ello y los ha hecho desaparecer en gran parte, en las modificaciones y las adiciones que ya ha preparado en vistas a una futura reedición. No sabemos lo que los «especialistas» del hermetismo, si todavía los hay que sean realmente competentes, podrán pensar de este libro y cómo lo valorarán; pero lo cierto es que, lejos de ser indiferente, merece ser leído y estudiado con atención por todos aquellos que se interesan por este aspecto particular de la tradición.

Anexo 3

Croquis de la esencia, la sustancia y el mugre

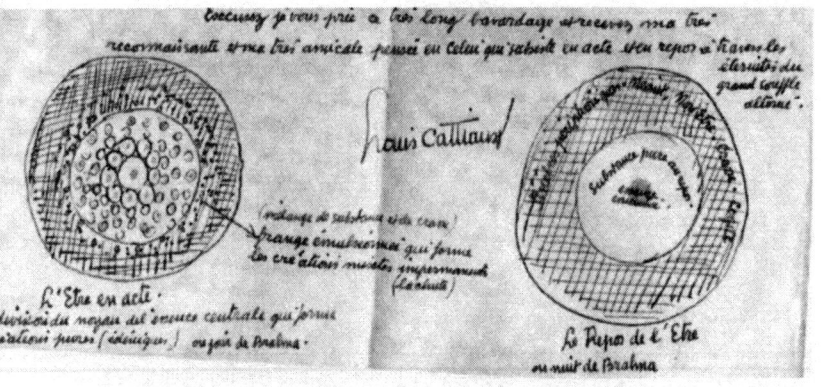

Anexo 4

Fotografía del cuadro *El fruto de la tierra*

Anexo 5

Fotografía de la apertura

> **LOUIS CATTIAUX**
>
> vous prie de lui faire l'honneur de visiter son exposition de peintures qui a lieu
>
> à
>
> **LA GENTILHOMMIÈRE**
>
> 67, Boulevard Raspail   PARIS VI°   Tél. LIT. 35-14
>
> VERNISSAGE
> le
> 24 Mars 1950 à 16 h.
>
> **EXPOSITION OUVERTE DU**
> 24 MARS au 8 AVRIL 1950
>
> *Fermé le Dimanche*

Anexo 6

El arte del escamoteo de las obras problemáticas

> *Vous n'avez pas tout vu!*
>
> **à 2 pas d'ici à Ste-Clotilde**
> **3, rue Casimir Périer, 3**
>
> LA SUITE DU SALON d'AUTOMNE
>
> ou
>
> L'ART D'ESCAMOTER LES ŒUVRES GENANTES
>
> Nos œuvres, ainsi que celles de quelques autres exposants, ayant été injustement et malhonnêtement escamotées à l'insu, semble-t-il, de la majorité des organisateurs du Salon d'Automne, nous nous permettons d'exposer en particulier les premières nommées afin que le public, la critique et les artistes puissent juger en toute indépendance de l'opportunité d'une action aussi fanatique que délictueuse.
>
> Nous disons injustement escamotées parce que ces œuvres, d'un format qui ne pouvait passer inaperçu, n'ont pas été accrochées **bien qu'elles aient été acceptées par le jury du Salon**, et bien qu'elles soient inscrites au catalogue sous les numéros 255 « María Partitura » et 256 « Les trois nuits de l'Etre ». Trois jours après l'ouverture du Salon d'Automne, ces peintures étaient encore reléguées dans les caves du Grand Palais malgré plusieurs réclamations courtoises.

Índice

Presentación 7

Correspondencia completa entre Louis Cattiaux
   y René Guénon 17

Anexos 145